노년의 부모를 이해하는
16가지 방법

노년의 부모를 이해하는 16가지 방법

초판 1쇄 펴냄 2018년 9월 10일
    5쇄 펴냄 2023년 7월 21일

지은이 히라마쓰 루이
옮긴이 홍성민

펴낸이 고영은 박미숙
펴낸곳 뜨인돌출판(주) | 출판등록 1994. 10. 11. (제406-251002011000185호)
주소 10881 경기도 파주시 회동길 337-9
홈페이지 www.ddstone.com | 블로그 blog.naver.com/ddstone1994
페이스북 www.facebook.com/ddstone1994 | 인스타그램 @ddstone_books
대표전화 02-337-5252 | 팩스 031-947-5868

ISBN 978-89-5807-694-0 03190

노년의 부모를 이해하는
16가지 방법

히라마쓰 루이 지음
홍성민 옮김

뜨인돌

목차

들어가는 글

주위를 난처하게 하는 노인의 행동들, 사실은 치매나 성격 탓이 아니다

'노인은 쉽게 화내고, 말이 안 통하고, 남의 말을 듣지 않고, 나이 탓인지 이해 안 되는 행동을 하고, 심술이 고약하다.' 많은 사람이 고령자에 대해 갖는 생각일 것이다. 그리고 고령자가 그렇게 행동하는 것은 '치매라서' '고지식하고 완고해서' '청년과 사회를 오해하고 있어서'라고 생각한다.

그러나 이는 고령자에 대한 편견이다. 물론 앞에서 말하는 원인들이 작용할 때도 있지만 실상은 크게 다르다.

주위를 난처하게 하는 고령자의 행동. 그 진짜 원인은 노화에 의한 신체 변화에 있다. 이 사실을 알고 받아들이면, 어떻게 해결하고 예방해야 하는지는 쉽게 찾을 수 있다. 이미 의학적으로 설명된 부분이기 때문이다. 그런데도 사람들은 잘못된 대응으로 문제를 악화시킨다.

노인은 왜 빨간 신호에도
태연히 길을 건널까?

한 가지 예를 들어 보자.

고령자는 빨간 신호에도 태연하게 길을 건너고, 도중에 빨간 신호로 바뀌어도 느긋하게 걸어간다. 대형사고로 이어질 수 있어서 보는 사람이 아슬아슬할 정도다.

사람들은 '나이를 먹으니 머리가 둔해져서 주위를 난처하게 한다' '차가 알아서 서 줄 거라고 생각하나? 오해도 이만저만이 아니다' 하고 불쾌해한다.

그러나 실은 노화에 의한 신체 변화로 어쩔 수 없이 벌어지는 일이 다반사다. 신체 변화란 다음과 같다.

- 눈꺼풀이 처지고 허리가 굽어 신호등이 보이지 않는다.
- 넘어지기 쉬워서 발밑만 보고 걷는다.
- 신호등이 노인의 걸음으로 건널 수 있을 만큼 길지 않다.

이해할 수 없는 일들은 신체의 변화에서 오는 것이지 성격이나 치매와는 관계가 없다.

이런 변화, 즉 '노화의 정체'를 아는 것이 중요하다. 노화의 정체를 알면 고령자가 난처한 행동을 해도 조바심내지 않고 침착하게 대응할 수 있다. 고령자 자신도 생각대로 몸이 움직이지 않고 주위와 소통이 되지 않을 때 덜 주눅 들게 될 것이다.

이 책에서는 '노화의 정체'와 주변 사람이 해야 할 행동, 고령자 본인이 해야 할 행동을 의학적인 지식을 토대로 알기 쉽게 구체적으로 제시했다. 표현이 거칠 수 있지만 이 책은 한마디로 '노인 취급 설명서'인 셈이다.

빨간 신호에 길을 건너는 경우를 예로 들자면, 다음과 같은 해결법을 생각해 볼 수 있다.

고령자 본인

- 보행보조차(실버카)를 사용해 보행 속도를 높인다.
- 눈꺼풀이 처지지 않도록 간단한 눈 운동을 한다(자세한 설명은 본문에서).

주위 사람들이 해야 할 일

- '횡단보도 1m'를 1초 이내에 걸을 수 있는지 확인한다.

- 차나 신호를 보지 않고 시선을 아래로 떨어뜨린 채 걷는 노인이 있을 수 있다는 생각을 늘 하면서 운전한다.

그 외에도 '같은 말을 여러 번 한다' '갑자기 시끄럽다고 소리를 지르며 역정 낸다' 등 노인이 자주 하는 난처한 행동에 대해 살펴본다.

물론 제시한 해결책을 전부 실행해야 하는 것은 아니다. 생각해 볼 수 있는 방법을 가능한 한 많이 소개한 것이니 할 수 있는 것, 해 보고 싶은 것부터 시작하면 된다.

고령자를 10만 명 넘게 상대하고
의학문헌을 뒤져 알게 된 사실

나는 안과의사다. 안과는 고령자가 많이 찾는 곳이다. 10년간 10만 명이 넘는 노인을 진료하다 보니 고령자의 눈뿐 아니라 귀, 코, 입, 팔, 다리 등 많은 부위의 노화 실태를 보게 되었다.

나는 고령자가 주위를 난처하게 하는 이유가 무엇인지 규명하고, 그런 행동을 줄이기 위해서 고령자 본인이나 주변 사람이 할 수 있는 게 뭐가 있을지 알고 싶어 해외 최신 논문과 국내 자료 및 문헌을 훑어보았다. 환자에게 도움이 될까 하여, 정보를 알기 쉽게 설명하는 방법을 다루는 '진료 커뮤니케이션'도 연구했다.

그런 과정을 통해 축적한 경험과 지식을 정리한 것이 이 책이다. 내가 알기로 고령자 관련 책은 치매나 노인 심리에 관한 것뿐이다. 신체의 세부적인 부분까지 다룬 책은 아직 보지 못했다. 이 책에는 모르면 손해인, 현실적으로 사용할 수 있는 구체적인 해결책이 담겨 있다.

이렇게 말하는 나도 '노화의 정체'를 몰랐을 때는 나이 많은 환자를 자주 언짢게 했다. 어떻게 대해야 할지 몰랐던 것이다. 그때마다 문헌을 읽으며 독학으로 대처 방법을 탐구하고 실행해 보았다. 의대와 의료 현장에서는 지식과 기술을 가르칠 뿐 환자를 대하는 방법은 알려 주지 않기 때문이다. 그래서 일본에는 쌀쌀맞은 의사가 많지만….

어쨌든 고민하고 노력한 시간 덕에 지금은 나이 든 환자와도 문제없이 소통할 수 있게 되었다.

고령의 노모와 딸이 우리 병원을 찾았을 때의 일이다. 눈이 불편한 어머니에게 딸이 "오른쪽 눈이 잘 안 보이죠?" 하고 물었다. 어머니는 아무 반응이 없었다. 그래서 내가 이 책에 소개한 요령으로 말을 걸자 "아, 네, 오른쪽 눈이 잘 안 보여요. 비뚤어져 보여요. 고마워요. 그렇게 말해 준 건

선생님뿐이에요" 하고 말했다. 특별한 요령이 있었던 것은 아니다. 귀 노화의 정체를 알고 그에 맞는 행동을 했을 뿐이다. 자세한 내용은 본문에서 소개한다.

이 책은 다음과 같은 사람에게 도움이 된다.

첫째, 고령자 가족.

지인에게 물어도, 책이나 티브이를 봐도 말은 한가지다. 고령자에게는 넓은 마음으로 상냥하게 대해라, 이야기를 끝까지 들어 줘라…. 하기 좋은 말일 뿐이다. 그런 말을 들으면 왜 나는 상냥하게 대하지 못할까, 자책하게 된다.

'단순히 이야기를 들어 주기만 하면 된다'는 말은 현장을 경험하지 못했거나 과학적·의학적 지식이 없는 사람의 의견이다. 당신은 잘못이 없다.

고령자와 대화가 잘 안 되는 데는 의학적인 이유가 있다. 그 이유를 알면 조바심도 줄고 올바른 도움도 줄 수 있다.

둘째, 노인 되기가 불안하거나 이미 고령에 들어선 사람.

자신은 전혀 악의가 없는데 주변 사람과 서먹서먹하다, 노력할수록 엇갈린다. 이런 분들도 의학적인 이유를 알아 두면 할 수 있는 것과 할 수 없는 것을 미리 파악해 차분하게 대처할 수 있다. 주위에 피해되는 행동을 줄일 수 있으니 자신감이 떨어지는 것도 막을 수 있다.

'노인이 되면 어쩔 수 없다'는 건 잘못된 생각이다. 나이가 든다고 해서 모든 게 쇠약해지는 건 아니다. 모든 음성이 안 들리는 것도 아니고 크게 약해지지 않는 근력도 있다. 그 부분도 본문에서 설명한다.

셋째, 고령자를 상대하는 직업을 가진 사람.

의료계나 요양업계에 종사하는 사람만이 아니라 영업, 접객, 상품개발자를 포함한 사회인 대부분이 여기에 해당한다.

특히 영업·접객 종사자들은 노화의 정체를 모른 채 말하다간 말투가 불쾌하다는 불평을 듣기 쉽다. 노화의 정체를 이해하고 고령자가 좋아할 행동을 하면 고객이 늘어날 것이다. 상품개발자라면 고령자에게 도움 되는 상품을 개발할 수도 있다.

이런 분들에게 이 책이 도움이 된다면 저자로서 큰 기쁨과 보람을 느낄 것이다. '왜 고령자는 자기에게 불리한 말은 못 들은 척할까?'에 대한 이야기부터 시작하자.

노인이 자주 하는
난처한 행동 01

본인에게
불리한 말은
못 들은 척한다.

설날 연휴, A는 남편과 함께 시댁을 찾았다. 며느리라는 이유로 식사 준비 같은 집안일을 하게 되었다.

식사를 마치고 설거지를 하는데 식탁에 놓인 빈 찻잔이 보였다. 마침 시어머니가 식탁에서 차를 마시고 있었다. 손도 젖었고, 세제도 묻어서 A는 시어머니한테 말했다. "어머니, 찻잔 좀 가져다주세요." 그런데 시어머니는 아무 반응을 하지 않았다.

'못 들은 척하시나? 찻잔 정도는 가져다줄 수 있잖아.' 이렇게 생각하며 찻잔을 가지러 식탁 쪽으로 몸을 돌리는데 남편이 시어머니에게 말을 걸었다.

"어머니, 양갱 있는데 드실래요?"

"그래, 먹자."

웃는 얼굴로 양갱을 베어 먹는 시어머니의 모습을 보고 A는 깜짝 놀랐다. 아무리 생각해도 남편보다는 자신이 시어머니와 거리적으로 더 가깝고 목소리도 더 컸는데, 시어머니는 남편 말에만 반응을 보인 것이다.

며느리의 목소리에
비밀이 숨어 있다

고령자는 상대의 말을 무시할 때가 있다. 왜일까? 상대를 싫어해서? 대화 내용에 흥미가 없어서? 멍하니 있다 보니까?

사실은 안 듣는 것이 아니라 들리지 않는 것이다. 70대는 전체의 절반이, 80대는 70% 이상이 난청(청각이 저하 또는 상실된 상태)이다.[1] 70대 이상의 고령자는 대부분 듣지 않아서가 아니라 들리지 않기 때문에 반응을 못 한다.

'우리 부모님은 티브이를 보니까 청각엔 문제가 없다'고 생각하는 사람이 많다. 하지만 난청인 사람도 잘 들리지 않을 뿐이지 티브이는 시청할 수 있다.

나이가 들어 난청이 되면 모든 사람의 음성이 들리지 않는 것이 아니라 일부가 들리지 않게 된다. 톤이 높은 소리,

특히 젊은 여성의 목소리는 듣기 어렵다. 그래서 딸이나 며느리의 말만 무시하는 것처럼 보이는 경우가 많다. "티브이는 보면서 내 말은 안 들어. 안 들리는 척하는 게 분명해, 열받아!" 하고 폭발할 필요는 없다.

대화의 음역, 즉 사람의 목소리는 500~2,000Hz 범위에 있다. Hz는 '헤르츠'라 읽고, 소리의 높이를 나타낸다. 숫자가 클수록 높은음, 작을수록 낮은음이다. 50대까지는 음역에 따른 차이가 거의 없다. 소리가 높든 낮든 같은 음량으로 들린다.

그러나 60세 이상은 높은음(2,000Hz)의 경우 낮은음(500Hz)의 1.5배 이상의 음량이 아니면 들리지 않는다.[2] 젊은 여성이 남성보다 1.5배 크게 말해야만 들리는 것이다.

그러니까 고령자가 당신의 말을 못 듣는다면 그것은 당신의 목소리가 젊어서일 수 있다. 무시당했다고 생각하지 말고 내 목소리가 젊다고 생각하면 조금은 기분이 풀릴 것이다.

낮은 목소리로, 천천히,
정면에서 말한다

의료 현장에서는 고령자에게 짜증을 내는 젊은 여성을 종종 본다. 말싸움이 되는 경우도 있다.

"약을 처방해 드릴 테니까 석 달 후에 다시 오세요."
진찰을 마치며 내가 말했다.
그러자 딸이 어머니에게 물었다. "안약은 있어요?" 어머니는 "뭐?" 하고 되물었다. 딸은 짜증스런 표정으로 다시 크게 말했다. "안약은 있어요?" 큰 소리로 묻는데도 안 들리는 모양인지 고령의 어머니는 난처한 표정을 지었다.
그때 간호사가 물었다. "안약, 있어요?"
그러자 "아, 아직 있기는 한데 그래도 모르니까 안약 하나 줘요" 하고 대답했다.

역시 소통은 중요하다. 간호사처럼 말하려는 내용을 잘 전달하려면 세 가지 요령이 필요하다. 낮은 목소리로, 천천히, 정면에서.

고령자에게는 가능한 한 낮은 목소리로 말해야 전달이 잘 된다. 낮은 목소리만 들리기 때문에 며느리의 말은 안 들려도 아들의 말은 들린다. 또, 아내의 말보다 의사의 말이 잘 들린다. 게다가 나는 목소리가 저음인 편이어서 고령의 환자를 대할 때 유리하다.

의료 현장이나 요양 현장, 일반 상점에서도 고령자를 상대하는 사람은 무의식적으로 낮은 목소리로 말한다. 왠지 그렇게 해야 들어 주기 때문이라고들 한다. 목소리가 낮아야 잘 전달되는 원리를 모르면 무조건 목소리만 높인다. 당연하게도 상대는 싫은 표정을 짓는다. 목소리는 '양보다 질'이다.

고령자를 상대할 때는 천천히 끊어서 말한다. 나도 말이 빠른 편인데, 진료를 할 때는 가능한 한 천천히 말한다. '상대와 똑같은 속도로 말해야겠다'고 의식하면 천천히 말할 수 있다.

상대가 "안녕, 하세요" 하고 천천히 말하는데 "안녕하세요. 오늘은 날씨가 너무 더워서 힘들어요" 하고 빠르게 말하면 들리지 않는다.

"약은 아직 있어요?" 하고 한 번에 말하지 않고 "약" "있어요?" 하고 끊어서 단어만 전달하면 알아듣기 쉽다. 우리말을 떠듬떠듬 말하는 외국인 같은 느낌이랄까.

단, 이 방법을 잘못 사용하지 않도록 유의해야 한다. 상대를 깔보듯, 어린아이를 달래듯 해서는 안 된다. 고령자를 공경하는 마음으로, 상대가 잘 들을 수 있게 끊어 말하는 것이 핵심이다.

마지막으로, 가능한 한 정면에서 얼굴을 보고 말한다.

대화할 때 사람들은 어디를 볼까? 주위 배경이나 상대의 손끝을 보는 경우도 있는데, 난청인 사람은 놓치는 내용 없이 듣기 위해서 상대의 입을 본다. 주변에 난청인이 있으면 어디를 보는지 한번 살펴보시길.

난청인은 누가 옆이나 뒤에서 말하면 상대 입의 움직임을 볼 수 없어 듣는 데 어려움을 겪는다. 상대가 마스크를 낀 경우도 마찬가지다. 목소리가 또렷하지 않고 입의 움직임도 보이지 않아서 알아듣기 어렵다. 마스크는 벗고 말하도록 한다.

이상의 방법으로도 못 알아듣는다면 이렇게 해 보자.

먼저, 보청기를 끼고 있는 귀 또는 좀 더 잘 듣는 귀에 직접 대고 말한다. 실제로 고령자가 조금 더 잘 들리는 귀를 무의식적으로 화자 쪽으로 향하는 경우도 있다.

또, 듣기 어려운 단어는 다른 말로 풀어 주는 것도 방법이다. 높은 음이 잘 안 들리는 것과 마찬가지로, 음절 중에도 잘 안 들리는 음절이 있다. 모음 '아이우에오'는 듣기 쉽다. 자음은 소리가 작아지기 쉬워서 듣기 어렵다. 일본어의 경우, 자음 중에서도 사시스세소さしすせそ로 시작하는 사행, 타치츠테토たちつてと로 시작하는 타행은 알아듣기 어렵다.

저녁뉴스의 아나운서를
흉내 내서 말한다

난청인 사람에게 전달되기 쉬운 말투를 고민한다면 티브이와 라디오의 뉴스 프로그램을 참고하면 좋다. 나는 다수의 티브이와 라디오 프로그램에 출연했는데 이 매체들은 시청률, 청취율을 높이기 위해서 내용뿐 아니라 사용하는 단어나 말하는 속도에도 주의를 기울인다.

티브이의 경우 저녁 7시나 8시에 하는 뉴스 및 정보 프로그램이 좋다. 말투는 물론 속도도 다른 시간대 프로그램과는 다르다. 처음 출연했을 때 이렇게 느려도 될까 생각될 만큼 천천히 말해 달라는 부탁을 받았다. 너무 느리면 오히려 알아듣기 어렵지 않을까 생각했는데, 천천히 말해서 알아듣기 쉬웠다는 고령자의 평이 많았다.

라디오는 고령자가 듣기 쉬운 프로그램이 많다. 소통

의 도구가 목소리뿐이라 말하는 속도를 빠르게 하지 않기 때문이다. NHK(일본 공영방송사)의 저녁 프로그램이나 TBS(일본 민영방송사)의 아침 프로그램에 출연했을 때 많은 고령자들이 "선생님이 나온 라디오 들었어요" 하고 반가워했다.

방송 프로그램에 출연하기 전, 웬만하면 숫자는 연속해서 언급하지 말아 달라는 말을 들었다. 동음이의어도 자제해 달라고 했다. 일본어의 경우 발광發光, 발효發效, 발행發行, 발효醱酵는 동음이의어로, 전부 '핫코'로 발음된다. 그래서 발광發光을 말할 때는 알기 쉽게 '반짝이는 것'으로 바꿔 말하도록 주의한다. 이처럼 방송은 세심한 주의를 기울이기 때문에 그런 관점에서 듣고 따라 하면 일상에서도 도움이 된다.

난청을 개선하자!
1일 5분 초간단 트레이닝

난청이 되지 않으려면 무엇을 주의해야 할까? 스트레스, 당뇨, 고혈압은 청력 저하의 원인이다. 물론 이것들은 귀에만 안 좋은 게 아니라 만병의 근원이다.

귀에 특히 해로운 것으로는 일상에서의 굉음을 꼽을 수 있다. 헤드폰을 끼고 큰 소리로 들으면 귀에 좋지 않다. 소리를 키우자니 주위에 폐가 될 것 같아서 헤드폰을 끼고 티브이를 보는 고령자도 있는데, 이는 난청을 더욱 악화시킨다.

세계보건기구WHO는 헤드폰 사용은 '최대 음량의 60% 이내로 1시간을 넘지 않도록' 하라고 장려한다.[3] 최대 음량은 제조사에 따라 다르기 때문에 60%도 귀에 안 좋을 수 있다. 조금이라도 불쾌하게 느껴지면 볼륨을 줄이는 것이 좋다.

공사 현장과 같이 굉음이 많은 장소에서 일하는 사람은 소리를 조절하기 어렵다.[4] 나이가 들어 난청이 되기 쉽다. 자기 몸은 스스로 지켜야 하므로 귀마개를 지참하자.

청력 트레이닝을 하는 것도 좋다. 8주만 훈련하면, 이전보다 2배 정도 듣기 쉬워진다고 한다.[5] 간편한 방법은, 라디오나 시디의 소리를 조금씩 줄여서 작은 소리로도 들을 수 있게 하는 것이다. 하루 1회, 5분 정도 매일 지속하면 된다.

현재 난청이라면 듣기 쉬운 쪽의 귀에 손을 대 보자. 그러면 알아듣기가 조금 수월하다.

🔑 모든 사람의 음성이 안 들리는 것은 아니다.

🔑 높은 소리, 특히 여성의 목소리가 잘 안 들린다.

주위에서 곧잘 하는 실수

- 큰 소리로 여러 번 말을 건다.

주위 사람이 취해야 할 바른 행동

- 입의 움직임을 볼 수 있도록 마스크를 벗는다.
- 목소리를 낮추고 천천히 말한다.
- 정면에서 말한다(그래도 못 알아들으면 잘 들리는 귀에 대고 말한다).
- 보청기를 낀 귀를 향해 말한다.
- 고령자와 같은 속도로 말한다.
- 단어를 나눠서 말한다.
- 라디오 프로그램의 사회자나 저녁뉴스의 아나운서 말투를 따라 한다.
- 숫자는 연속해서 말하지 않는다.

- 동음이의어는 표현을 바꿔서 말한다.

이렇게 되지 않으려면

- 헤드폰과 이어폰은 되도록 사용하지 않는다.
- 음량을 낮춰서 듣는다.
- 굉음이 심한 장소에서는 귀마개를 한다.

내 경우라면

- 귀에 손을 대고 들어 본다.
- 서서히 음량을 줄여 작은 소리도 들을 수 있도록 트레이닝
  한다.

갑자기
"시끄럽다!"고
화를 낸다.
그래 놓고 본인들은
큰 소리로 말한다.

B는 보육교사로 일한다. 어린이집이 크지 않아서 아이들이 뛰놀 만한 공간이 부족하다. 그래서 점심식사 전에 산책을 겸해 공원으로 가서 놀이를 한다. 그날도 아이가 잘 따라오는지 확인하면서 5명의 아이들을 데리고 공원에 도착했다. B는 몸은 힘들지만 아이들이 환하게 웃고 뛰어노는 모습이 좋아서 일을 계속하고 있다.

잠시 후, 턱수염을 길게 늘어뜨린 남자 노인이 공원 벤치에 앉더니 다리를 떨며 짜증스러운 표정을 지었다. 분위기가 심상치 않자 B는 아이들이 노인 가까이 가지 않도록 신경을 썼다. 그런데 갑자기 그 노인이 소리를 질렀다. "아까부터 왜 이렇게 시끄러워!" 아이들은 겁에 질려 공원 구석으로 뛰어갔다.

B도 겁이 나서 아이들을 데리고 서둘러 어린이집으로 돌아왔다. 내일도 저 할아버지가 공원에 나타나면 어쩌나 걱정하면서.

귀가 안 들려서
목소리가 커진다

고령자는 지하철 같은 공공장소에서도 아무렇지 않게 큰 소리로 말한다. 이른 아침, 모두 잠들어 있는 고속열차 안에서도 마찬가지다. "요즘 우리 집 옆에서 공사를 하는데, 정말 시끄러워. 그런 거 다 세금 낭비라고!" "난 조용히 살고 싶다고!"

조용히 해야 할 사람은 바로 당신! 이라고 지적하고 싶은 마음도 솔직히 있다.

그런데 고령자가 큰 소리로 말하는 것은 귀가 안 들리기 때문이다. 말하는 쪽도, 듣는 쪽도 귀가 안 들려서 목소리가 커지는 것을 모른다. 보통의 대화라고 생각한다.

게다가 외출을 자주 하지 않는 경우라면 외출한 것만으로도 기분이 좋아 큰 소리로 말하게 된다.

병원에서도 쩌렁쩌렁 울리도록 말하는 고령자가 있다. "여기 앉을까?" "걷는 것도 힘들어." 어찌나 목소리가 큰지 직원이 겁을 낸다. 자신에게 화를 낸다고 생각하기 때문이다.

사실은 그렇지 않다. 실제론 "저 젊은이는 검사를 꼼꼼히 잘하고 상냥하다"고 칭찬할 정도니까. 화가 난 것이 아니라 그저 즐거운 대화를 하고 싶은데 어투가 무뚝뚝하고 목소리가 커서 손해를 본다.

'나이가 들어 성격이 나빠졌다'고들 생각하는데, 나빠진 것은 성격이 아니라 청력이다.

소리가 작으면 들리지 않고,
크면 불쾌하게 느낀다

고령자는 소리를 불쾌하게 느낄 때가 있다. 아이의 목소리나 개 짖는 소리는 당신이 느끼는 것보다 훨씬 불쾌하게 인식한다. 그래서 어린이집이 들어서는 것을 반대하거나 어린아이의 목소리가 시끄럽다고 타박하는 것이다.

어린이는 보물인데 어떻게 그럴 수 있느냐, 역시 노인은 깐깐하다 등의 말을 하는데 고령자의 불쾌감을 이해해야 한다. 눈에 넣어도 아프지 않을 만큼 사랑하는 손주여도 마찬가지다. 손주가 아무리 귀여워도 오랜 시간 소리 지르고 울면 버럭 화를 내는 경우도 생긴다.

고령자는 고음역의 소리를 잘 듣지 못하지만, 고음역이라 하더라도 일정한 음량을 넘으면 갑자기 시끄럽게 느낀다. 70세 이상에서는 70%가 넘는다.[1,2] 즉, 높은 소리는 작으면 안 들리고, 크면 갑자기 이명처럼 귀가 아플 만큼 불쾌한 소리가 되는 것이다.

불쾌한 소리라고 하면 쉽게 상상이 가지 않을 텐데, 금속과 금속을 문지르는 소리나 칠판을 손톱으로 긁는 것처럼 '끼– 끼–' 하는 날카로운 소리를 상상하면 된다.

소리 전반이 듣기 어려워지고 고음역에 불쾌감을 느끼는 현상도 난청이 될수록 강하게 일어난다.

어린이나 동물의 울음소리를 시끄럽게 느끼는 고령자가 있다면 수고와 비용을 들여서라도 방음을 하는 게 좋다. 방음벽 두께(무게)를 2배로 하면 소리 발생원으로부터 2배 멀어진 것과 같은 효과가 있다.[3]

공사를 할 수 없다면 천 등으로 장벽을 치는 것만으로도 방음 효과를 줄 수 있다.

마그네슘을 섭취하고,
식사량은 포만감의 80%로

난청을 예방하고 개선하는 데는 먹는 것이 중요하다. 특히 마그네슘을 신경 써야 한다.[4]

일본인의 마그네슘 하루 권장량은 남성 320mg, 여성 270mg이다.[5] (우리나라는 남성 350mg, 여성 280mg.) 마그네슘은 해조류에 많이 포함되어 있다. 파래는 100g에 3,200mg이나 들어 있다. 된장국 한 그릇에 파래가 4g 정도 들어간다고 하면 약 130mg의 마그네슘을 섭취할 수 있다. 톳을 1회 식사에 5g 먹는다고 하면 마그네슘은 32mg을 섭취하게 된다. 씨앗류를 먹는 것도 마그네슘을 보충하는 좋은 방법이다. 코코아는 1잔(6g)에 73mg, 아몬드는 10알 (110g)에 31mg이 들어 있다. 한 가지 음식만으론 하루 권장량을 채우기 어렵다. 코코아를 마시면서 아몬드를 먹는 등 여러 가지를 조합해 먹는 것이 효율적이다.[6] 마그네슘은 변비에도 효과적이어서 특히 여성에게 좋다.

비타민C와 비타민E도 귀에 좋은 영양소다.

식사는 80%의 포만감을 느낄 만큼만 먹는 게 좋다.[7] 과식을 피하면 노화로 인한 귀의 변화를 예방할 수 있다. 20% 적게 먹는 식사법은 건강법으로도 잘 알려져 있는데 귀에도 영향을 미친다.

난청이 있으면 치매에 걸리기 쉽다. 난청인 사람은 그렇지 않은 사람보다 6.8세 더 나이를 먹은 것과 같다.[8] 3년 이내에 간병이 필요하거나 사망할 확률이 2~3배가 된다는 연구결과도 있다.[9]

인간은 많은 정보를 시각을 통해 얻지만, 청각으로 들어오는 정보도 상당하다. 그런데 귀가 잘 안 들려서 정보가 차단되면 어쩔 수 없이 주위와의 소통이 줄고, 마트 점원이 말을 걸어도 귀찮게 느껴진다. 티브이와 라디오에서 무슨 말을 하는지조차 잘 알아들을 수 없으니 고독감이 증대된다. 이런 이유로 노화가 촉진된다.

보청기 보조금을
활용하자

상태에 따라 다르지만 노인성 난청의 경우는 보청기를 사용하면 비난청인과 비슷한 수준으로 들을 수 있기 때문에 일상의 불편함도 줄고 치매에 걸릴 확률도 낮아진다.[10]

그러나 일본은 외국에 비해 보청기가 널리 보급되지 않았다.[11] 영국 42.4%, 미국은 30.2%인데 일본은 13.5% 수준으로, 외국의 절반도 되지 않는다. (우리나라는 12% 수준이다.) 보청기를 껴야 한다는 인식이 일반적이지 않고, 보청기 보조 혜택도 적기 때문이다. 안타까운 일이다.

사용이 익숙하지 않은 것도 한몫을 한다. 안경의 경우는 끼는 순간 잘 보이지만, 보청기는 익숙해지기까지 시간이 걸리기 때문에 선호하지 않는다. 대부분 안경과 같은 기대치를 가지고 보청기를 구입하므로 '돈을 주고 샀는데 쓸모가 없는' 상황이 되어 버리는 것이다.

그럼 어떻게 해야 보청기에 익숙해질까? 먼저, 구입한 곳에서 자주 보정을 받는다. 평균 5, 6회 정도는 보정이 필요하다.[12] 귀찮다고 생각되겠지만 값이 비싼 만큼 최대한 이용하는 것이 좋다.

또, 단계별로 사용하는 것이 좋다. 보청기를 끼고 바로 밖으로 나가지 말고 우선은 조용한 실내에서 소리를 들어 본다. 그다음은 일대일로 대화할 때 사용한다. 두세 사람이 대화하는 자리가 익숙해졌을 때 밖에서 사용한다. 이렇게 하면 보청기를 효과적으로 사용할 수 있다.

보청기는 고액이다. 저렴한 것도 수십 만 원, 비싼 것은 수백 만 원이나 한다. 구입을 주저하는 이유다.

하지만 자립지원법(장애인의 자립지원을 목표로 하는 일본 법률) 보청기라는 것이 있다. 이비인후과 검진 결과가 일정 기준을 충족할 경우(장애6급 이상) 보청기를 10%의 가격으로 구입할 수 있다. 보조금이 나온다는 사실을 아는 사람은 난청자 중에서도 9% 정도밖에 안 된다. 반드시 주위 사람에게 알려 주자. (우리나라는 보건복지부에서 청각장애인에게 보청기 보조금을 지원한다.)

내 옆에 고령자가 있다면 고령자가 큰 소리로 말할 때 화 낸다고 단정하지 말고, 어린아이의 목소리처럼 높은 음역 에는 불쾌해한다는 사실을 염두에 두자.

노화의 정체 02

- 🔑 고음역은 일정 음량 이상일 경우 매우 불쾌하게 느껴진다.
- 🔑 청력이 떨어져서 목소리가 커진다.
- 🔑 난청이 치매를 가속시킨다.

주위 사람이 하기 쉬운 실수

- 나이가 들면 쉽게 화를 낸다고 생각한다.

주위 사람이 취해야 할 바른 행동

- 화를 낸다고 단정하지 않는다.
- 고음역을 불쾌하게 느낀다는 사실을 염두에 둔다.
- 아이가 오랜 시간 떠들지 않게 한다.

자신이 이렇게 되지 않으려면

- 식사량은 포만감의 80%로 조절한다.
- 마그네슘, 비타민C, 비타민E를 섭취한다.

- 보청기를 구입한다. 지원받을 수 있는 제도를 활용한다.

- 보청기는 실내에서 먼저 사용하고, 차츰 익숙해지도록 연습한다.

- 보청기는 구입처에서 자주 보정을 받는다.

같은 말을
여러 번 반복하고
과거를 미화한다.

C의 아버지는 오래전 이야기를 수도 없이 반복한다.

> 아버지 : 네가 어렸을 때는 아버지가 백화점에 자주 데리고
>   갔어. 거기서 사탕을 샀지. 그 사탕이 말이다….
> C : 박하 맛이었죠?

하도 여러 번 들어서 외울 정도다. 지인과 상의하고 인터넷으로 검색해 봐도 '그냥 받아들여라, 매번 웃는 얼굴로 들어라'고 하는데, 이젠 진짜 참을 수가 없다.

게다가 C의 아버지는 지금은 모든 게 불만스럽다고 하면서 옛날 일은 다 아름답게 말한다. "옛날이 좋았다"고 노래를 부른다.

C는 결국 폭발하고 말았다. "똑같은 말 좀 제발 그만하세요!" 그러자 아버지는 침울해했다. 막상 그런 아버지를 보니 더 신경이 쓰인다.

기억력이 떨어지는데
어떻게 똑같은 말을 반복할 수 있을까?

나이가 들면 똑같은 말을 반복한다. 흔히들 기억력이 떨어져서라고 생각하는데, 그렇다면 어떻게 똑같은 이야기를 여러 번, 그것도 길게 할 수 있을까? 기억력이 떨어지면 똑같은 이야기를 한다는 것 자체가 불가능한데. 듣는 사람이 싫증나도록 한 이야기를, 잊어버리지도 않고 수도 없이 되풀이할 수 있다는 것은 생각해 보면 이상한 일이다.

고령자라고 해서 기억력이 다 떨어지는 것이 아니다. 우선은 단기기억이 저하한다. 안경을 어디에 두었는지 잊어버리고, 물건을 사러 갔다가 빼먹고 그냥 오는 식이다. (단기기억력 저하는 젊은 사람한테도 나타난다.)

단, 단기적인 기억이기는 해도 초단기기억은 유지된다.[1] 가령 "군만두" 하고 말하면 곧바로 "군만두" 하고 따라 말할 수 있는 것은 초단기기억의 영역이다.

장기기억은 단기기억에 비해 오래 유지된다. 20세 전후의 기억이 특히 그렇다.[2]

그래서 어제 저녁에 무얼 먹었는지는 잊어버려도 어려서 다닌 학교에서 있었던 일은 기억한다. 장기기억 중에서도 여러 번 반복됐던 일은 쉽게 잊히지 않는다. 우체통 색이 빨갛다거나 아들의 이름이 무엇인지는 기억하는 것이다.

자전거 타기, 일하는 방식, 수영 등등 몸을 반복적으로 사용한 경우도 기억에 남기 쉽다.

그러나 옛날 추억이고 몸을 사용했어도 일회적 사건은 잊어버리기 일쑤다. '재미있게 다녀온 가족여행은 기억 못 하면서 회사 일은 기억하다니…' 하고 충격 받을 필요는 없다. 가족과 쌓은 추억보다 일이 중요했다는 의미가 아니다. 회사 일은 반복을 통해 기억에 정착한 것뿐이다.

정리하자면, 고령자는 '여러 번 말한 내용'은 장기기억이라서 정확히 기억하는데, 그걸 '최근에 말했다는 사실'은 단기기억이라서 잊어버린다.

나쁜 의도로
과거를 미화하는 것은 아니다

아는 의사 중에 자신의 옛날 이야기를 자주 하는 사람이 있다. 여러 번 똑같은 이야기를 해서 나도 외울 정도다. 이 책을 읽을 수도 있으니 자세한 내용은 언급하지 않겠지만, 이야기 끝에 꼭 "그래서 그때 어떻게 됐을 거 같아?" 하고 묻는다.

그때마다 뭐라고 대답해야 할지 몰라서 난감했다. 대답을 하면 기분 나빠 한다. 그렇다고 모른 척하기도 그렇다. "몰라요. 어떻게 됐는데?" 하고 말했다가 갑자기 이전에 내가 답한 게 떠올라서 "그러고 보니 요전에 말한 것 같은데. 아까 모른 척한 거지?" 하고 다그치기라도 하면 낭패이니까. 결국 "글쎄요" 하고 얼버무린다. 못해도 30번은 들은 이야기이고 "그래서 그때 어떻게 됐을 거 같아?"라는 질문도 그만큼 받았는데, 본인은 그런 사실을 끝내 몰랐다.

사람들은 옛날 이야기를 말할 때 대개 필요 이상으로 미화한다. 나는 최선을 다했다, 그때가 좋았다 등등. 이것 역시 기억의 신비로운 점이다.

나쁜 기억은 지워지고 좋은 기억은 남기 쉽다.[3] 초등학교 때는 매일 학교에 가고 숙제도 있고 선생님과 엄마한테 혼도 났을 텐데, 이런 기억은 거의 없다. 반면 소풍이나 운동회처럼 기분 좋은 일은 선명히 기억한다.

여기에는 앞으로 남은 삶, 즉 여생이 관계한다는 가설이 있다. 살아 있는 동안의 시간을 조금이라도 만족시키기 위해 은연중에 긍정적으로 기억하는 것이다. 또 건강에 대한 불안이나 가족 또는 친구와의 이별 같은 스트레스에 대항하기 위해서라도 긍정적으로 생각한다. 나쁜 뜻에서 미화를 하는 것은 결코 아니다.

최근에 일어난 일 중에선 안 좋은 일을 떠올린다는 점도 신기하다.

정리하자면 고령자는 '지금은 나쁘다' '옛날은 좋다'고 기억이 재구성돼서 과거를 미화하고 지금을 부정하는 이야기를 하게 되는 것이다.

똑같은 이야기를 반복하기 때문에
화낸다는 사실을 알지 못한다

옛날 기억, 반복된 기억, 몸을 움직인 기억은 오래 유지된다는 것을 살펴보았다. 이 점을 활용하면 나이가 들어도 기억을 잘 유지할 수 있다.[4]

소중하고 중요한 일을 오래 기억하고 싶은가? 그렇다면 정원 일을 하는 동안, 기억하고 싶은 일을 반복해 떠올려 보자.

또, 짧은 낮잠은 기억력을 높이는 데 효과적이므로, 30분 이내의 낮잠을 자되 자기 전에 기억하고 싶은 일을 떠올리는 습관을 들인다.

반복한 일이 머리에 잘 남는다는 점을 활용하면 고령자가 똑같은 이야기를 되풀이하는 걸 막을 수도 있다. 예를 들어, 옛날에 일어난 전쟁 이야기를 반복한다고 하자. 같은 이야기를 하루에 여러 번 말하는 사람은 없다. 오늘 말했으면 다음 날 다시 한다. 전쟁 이야기를 했다는 사실을 그새 잊은 것이다. 이럴 때는 전쟁 이야기를 하루에 여러 번 하게 한다. 반복해서 말했기 때문에 '전쟁 이야기를 했다'는 기억이 머릿속에 잘 정착할 수 있다.

몸을 움직이며 한 일이 오래 기억된다는 사실도 활용해 보자. '전쟁 이야기를 할 때는 차를 마신다'와 같은 규칙을 정하는 것이다. 그렇게 하면 '차를 마시는' 행동이 더해져 '전쟁 이야기를 했다'는 기억이 잘 정착된다.

개중에는 '젊을 때를 떠올리면 기분이 좋아서 전쟁 이야기를 여러 번 하게 된다'는 고령자가 있다. 이런 경우에는 주위 사람들이 괴롭다. 나도 그랬다.

그러나 "제발 똑같은 이야기 좀 하지 마세요!" 하고 화를 내선 안 된다. 노인은 '부정당했다'는 기억만을 갖게 된다. 즉, '자신이 같은 이야기를 여러 번 해서 상대가 화났다'가 아니라, '이유는 모르지만 상대가 화를 냈다'고 입력된다. 감정은 마음에 깊이 새겨진다.

차라리 자리를 떠서 마음을 진정시키거나 5번까지는 참고 듣는다고 정해 두는 편이 좋다. 짜증 내는 심정은 이해하지만 그래 봤자 해결은커녕 악화만 될 뿐이다.

- 모든 기억이 똑같이 사라지는 것은 아니다.
- 장기기억은 남기 쉽고 단기기억은 남기 어렵다.
- 반복한 일, 몸을 움직인 일도 기억에 잘 남는다.
- 옛날 일은 좋은 기억이, 최근 일은 나쁜 기억이 남기 쉽다. 과거 미화로 이어진다.

주위 사람이 하기 쉬운 실수

- 같은 이야기 좀 그만하라고 화를 낸다.

주위 사람이 취해야 할 바른 행동

- 차를 마시는 등의 소소한 행동을 하면서 이야기를 하게 한다.
- 전달 내용이 많을 때는 일부만 전달하고, 시간을 두었다가 나머지를 정리해서 전달한다.
- 일부러 하루에 여러 번 말하게 해서 자신이 말한 것을 기억하게 한다.

자신이 이렇게 되지 않으려면

- 기억하고 싶은 건 화단 가꾸기처럼 몸에 부담이 안 가는 일

을 하면서 반복해 떠올린다.

- 기억하고 싶은 일을 떠올린 다음에 30분 이내로 낮잠을 잔다.

나이가 들면 생기는 신체의 변화

지금 당신이 보는 세상, 들리는 소리, 맡는 냄새, 느끼는 맛과 손끝 감각은 나이가 들면 어떻게 변할까? 아침식사 장면을 떠올려 보자.

아침에 일어나서 토스터에 식빵을 굽는다. 잠시 후 구워진 식빵이 '띵' 하고 토스터에서 튀어나왔다. 빵을 꺼내려고 손을 뻗은 순간 금속 부위에 손가락 끝이 닿았다. "앗, 뜨거워." 얼른 손가락을 움츠린다.

갓 구운 빵에서는 고소한 냄새가 났다. 버터의 유통기한을 확인하고 한 스푼을 빵에 바른다. 버터 냄새가 식욕을 돋운다. 식빵을 한 입 크게 베어 물자 입안 가득 고소함이 퍼진다.

그런데 나이가 들면 이렇게 바뀐다.

아침에 눈을 떴는데 새벽 4시. 밖은 아직 캄캄하다. 그대로 잠깐 앉아 있다가 빵을 굽는다. 아직인가? 하고 토스터를 봤더니 이미 식빵이 구워져 있다. '띵' 하는 소리가 났을 텐데 들리지 않아서 몰랐다.

토스터에서 빵을 꺼내고 보니 손가락 끝이 화상을 입었는지 빨갛다. 눈으로 보기 전까지 전혀 몰랐다.

빵에서는 별 냄새가 나지 않는다. 버터를 들어 유통기한을 확인하려 했으나 글자가 작아서 보이지 않는다. 괜찮을 거라 짐작하고 한 스푼 떠서 빵에 발랐다. 식빵을 한 입 베어 물었는데 무슨 맛인지도 모르겠고 그냥 씹어 삼킨다는 감각만 느낄 뿐이다.

오감, 즉 시각, 청각, 후각, 미각, 촉각은 나이가 들면서 무뎌진다. 그러나 모든 감각이 균일하게 무뎌지는 것은 아니다.

시각
먼저, 노안이 온다. 노안은 40대 중반부터 시작된다. 50대가 되면 책을 읽기 어렵고 60대에는 노안경을 끼지 않으면 글자를 읽기 힘들다.

또, 50대부터는 절반 이상의 사람에게서 백내장이 생기고, 80대가 넘으면 99%가 백내장에 걸린다.[1] 백내장에 걸리면 밝은 곳도 보기 어렵다.

밤중에 화장실에 가다가 계단을 잘못 디뎌 넘어지거나 야간 운전을 하면 맞은편 차의 불빛에 눈이 부셔서 사고를 일으킬 가능성이 높아진다.

청각

노인성 난청은 50대 후반부터 시작되는데 60대 후반에 급속히 진행되어, 80대 이상에서는 70~80%의 사람이 난청이 된다.[2]

노인성 난청이 생기면 우선 높은 소리가 안 들려서 전자음을 놓친다. 체온을 잴 때도 겨드랑이에 낀 전자체온계의 알림음을 듣지 못해 온도 측정이 끝난 후에도 계속 겨드랑이에 끼고 있게 된다.

그러다가 차츰 여러 음역대의 소리를 구분하지 못하게 된다. 여러 출연자가 동시에 떠드는 티브이 프로그램은 피곤해서 보기 힘들다고 한다. 여럿이 모여 대화할 때도 정확히 알아듣지 못해 중요한 약속을 어길 때가 있다. 뒤쪽에서 다가오는 자동차 소리를 듣지 못해 사고로 이어질 위험도 있다.

후각

50~60대까지는 후각이 발달하는데 그 이후는 내리막길이다. 자신은 잘 느끼지 못하지만 70대부터는 기능이 크게 떨어진다.[3] 후각과 미각은 밀접해서 후각이 떨어지면 맛도 잘 느끼지 못하게 된다.

일상에서는 자신의 몸 냄새와 입 냄새를 인식하지 못해 상대에게 불쾌감을 주기도 한다. 향수를 과도하게 뿌려서 얼굴을 찌푸리게 할 때도 있다.

미각

60대부터 둔해진다. 미각 장애로 음식의 간이 점점 강해진다.[4]

남이 애써 만들어 준 음식에도, 참고 먹으면 먹을 수는 있지만, 자꾸 간장과 소스를 뿌리고 싶어한다. 결과적으로 염분을 과다 섭취하게 된다.

맛을 제대로 느낄 수 없어서 먹는 즐거움이 줄기 때문에 식욕도 떨어진다. 고급스럽고 맛있는 음식을 먹을 수 있는 상황이어도 옛날에 먹었던 음식이 더 맛있다고 느낀다.

촉각

50대부터 무뎌지기 시작해 70대부터는 기능이 현저히 떨어진다. 손의 감각이 무뎌져서 물건을 쥐고 있다가도 떨어뜨리기 십상이다. 온도 감각도 무뎌져 화상을 입기 쉽다.[5] 젊은 사람과 같은 공간에 있으면 원하는 냉난방 온도가 다르기 때문에 서로 싫어한다.

오감만 바뀌는 것이 아니다. 나이가 들면 몸의 기능과 장기도 변화한다.

근력 · 관절

허리와 무릎의 통증, 관절의 변형은 40대부터 시작된다. 80대가 되면 무릎은 50% 이상, 허리는 70% 이상 관절의 변형을 겪는다.[6]

근력 저하도 40대부터 시작되어 50~60대에 두드러진다. 상반신은 눈에 띄는 변화가 크지 않아서 거울만 보고는 쇠약해지는 것을 깨닫지 못한다.

하지만 걷는 게 귀찮아지고 차츰 걷는 속도도 느려진다. 아무것도 없는 평지에서 비틀거리며 넘어지곤 한다.

기억력 · 지능

기억력은 50대부터 슬슬 떨어지기 시작해서 60~70대에 현저하게 저하된다. 단, 기억하는 내용이나 방법에 따라서 약해지는 부분과 그렇지 않은 부분이 있다.[7]

지능은 종류나 사용법에 따라 다른데, 80대가 넘어도 유지할 수 있는 것과 60대부터 감소하는 것이 있다(환경에 영향을 받지 않는 유전적 지능은 나이가 들면서 떨어지지만 학습이나 경험에 의해 획득되는 후천적 지능은 80세 이후에도 향상될 수 있다).

신장 · 방광 · 전립선

40대부터 기능이 떨어지기 시작하는데, 60대부터 기능 저하를 느끼고 화장실을 자주 가게 된다.[8]

심장 · 혈관

60대부터 약해지기 시작한다.[9] 심근경색과 뇌경색의 원인이 되고, 장시간 이동하고 운동하는 게 힘들어진다.

폐

45세 무렵부터 서서히 약해지기 시작한다.[10] 산을 오르기 힘들고, 장시간 이동이나 운동이 힘들어진다.

노인이 자주 하는
난처한 행동 04

"나 따위 있어 봤자 짐이다" 하고 부정적인 말만 한다.

Episode 04

D는 시부모와 같이 산다. 시어머니는 나이가 들면서 몸의 이곳저곳 아픈 곳이 많아졌고 다니는 병원도 늘었다. 그래도 식사 준비와 세탁 등 집안일을 도와주었다.

> D : 어머니가 집안일을 많이 도와주셨는데, 이젠 연세가 드셨나 봐.
>
> 남편 : 그러게, 이젠 조심하실 때도 됐지. 당신이 더 힘들어질 텐데, 괜찮겠어?
>
> D : 괜찮아. 식구라 해 봤자 4명인데. 할 만해.

남편과 상의해 D는 식사 준비, 세탁, 청소 등의 집안일을 도맡았다. 처음에는 힘들었지만 일이 손에 익자 시간도 많이 줄었다. 남편은 쓰레기 버리기와 욕실 청소를 담당했다.

시아버지와 시어머니의 주요 소일거리는 티브이 시청이다. 편안히 지내시는 것 같아 다행이라고 생각했는데 안심한 것도 잠시, 시어머니의 말이 차츰 거칠어졌다.

시어머니 : 나 따위 집에 있어 봤자 짐만 되지?

D : 아니에요. 어머니.

시어머니 : 솔직히 말해도 된다.

죽는 게 낫다고 생각하지 않니?

시어머니가 이렇게 나올 때마다 D는 어떻게 대응해야 할지 난감하다.

말을 들어 주기만 해도
괜찮다는 생각은 착각

얼른 죽었으면 좋겠다, 이웃집이 시끄러워서 싫다, 아이를 키우는 방식이 틀렸다…. 이렇게 부정적인 말만 골라 하는 고령자가 있다. 나이가 들면 부정적인 발언이 늘어난다.

이게 반복되면 괜히 주위 사람들도 침울해지고 어떻게 대처해야 할지 난감하다. 일단 잘 들어 주고 긍정하는 것이 좋다고 하는데, "얼른 죽어야지" 하는 고령자에게 "그래요" 하고 맞장구칠 수는 없는 노릇이다.

입 다물고 들어 주기만 한다고 해서 다 되는 것도 아니다. 예를 들어, 경청만 하고 아무 말을 하지 않으면 고령자는 실망한 표정을 지으며 이야기를 들어 주지 않는다고 화를 낸다.

비난받지 않으려고 듣고만 있으면 부정적인 발언은 더

늘어난다.

이런 경우, 부모가 이런저런 도움을 바라는데 아무것도 할 수 없어서 죄송하다고 우울해하는 사람이 많다.

계속 말을 듣고 있는 가족은 질린다. 상대의 이야기를 부정하지 않고 들어 주라는 말은 이상적이다. 언제까지 계속될지 모르는데 그냥 듣기만 하는 건 가족이어도 난처하다. 우울증이 의심되면 전문의의 진찰을 받는 것이 당연하다. 왜 부정적인 말을 많이 하는지, 그럴 때 어떻게 행동해야 하는지 알아 두어야 한다.

부정적인 발언을 막는 것은 역효과

나이가 들면 자신이 유용한 사람이라는 느낌을 받기 어렵다.[1] 보고 듣는 능력이 떨어지고 몸을 움직이는 것도 예전 같지 않아서 오히려 주위의 도움을 받아야 하기 때문이다.

특히 전업주부로서 가정을 지켰다, 가족의 생계를 책임졌다 하는 자부심이 있을수록 현재의 상황에 만족하지 못한다. 당신도 마찬가지일 것이다. 일하지 않아도 된다는 말을 들으면 처음에는 좋아도 차츰 뭔가 충족되지 않는 기분이 들 것이다. 삶에 만족감을 느낄 수 없는 고령자는 자신이 아무 쓸모 없다는 생각에 죽는 게 낫다, 얼른 죽고 싶다고 말한다.

고령자는 집안일을 거드는 것이 바깥일을 하는 가족을 위한 배려임을 알면서도 선뜻 나서지 못한다. 괜히 나섰다가 불이라도 낼까 봐, 식사 준비가 더뎌서 식사를 제때 못 하게 할까 봐.

진료를 하다 보면 얼른 죽고 싶다는 노인을 자주 본다.

가족들은 부정적인 말은 안 했으면 좋겠다, 푸념을 늘어놓지 않았으면 좋겠다고 생각해서 '푸념하지 마시라' '부정적인 말은 삼가시라' 당부하지만 역효과다.[2]

사람들에게 '백곰을 생각하지 말라'고 했더니 오히려 '백곰'을 계속해서 떠올리게 되더라는 연구결과가 있잖은가. 당신도 다르지 않을 것이다. '이 버튼을 누르지 마시오' 하고 쓰여 있으면 누르고 싶어지는 게 사람 마음이다.

화단 가꾸기처럼
부담이나 피해가 적은 일을 부탁한다

이런 고령자들을 어떻게 대해야 할까. 화분에 물 주기처럼 위험성이 적고 문제가 생겨도 피해가 크지 않은 일을 부탁하는 것이 좋다.[3]

내가 만난 한 할머니 환자의 이야기다. 가족들이 이제 나이도 있으니까 정원 일은 하지 말라고 했단다. 처음 병원에 왔을 때는 밝은 얼굴로 "나도 나이가 들었으니까" 하고 말했다. 그런데 다음에 만났을 때는 표정이 어두웠다. 시선을 아래로 내리깐 채 "요즘은 사는 게 재미없어요. 예전엔 정원도 가꾸고 했는데 지금은 할 일도 없고. 죽는 게 낫다 싶어요" 하고 우울해했다. 그다음 만났을 때는 괜찮으시냐고 물어야 할 만큼 힘이 없었다. 우선 건강 상태를 확인하고 보호자와 상담을 했다. 다시 병원을 찾았을 때 할머니는 웃으며 말했다. "정원 일을 다시 시작했는데 일이 많아서 힘들어요."

고령자가 있는 가정에서는 '살아만 계시면 된다'는 생각에서 아무 일도 못 하게 한다.

백내장으로 시력이 떨어진 94세 할아버지가 있었다. 티브이 화면이 보이지 않고 책도 읽을 수 없었다. 식사는 그럭저럭 하는데 무슨 반찬인지도 확인할 수 없는 상태였다. 가족들은 할아버지의 연세가 있으니까 수술은 안 하고 싶다고 했다. 그러다가 스스로 식사도 할 수 없고 돌봄이 필요한 상황이 되자 조금이라도 좋아질 수 있다면 수술을 받겠다고 생각을 바꿨다. 백내장 수술 후 할아버지는 스스로 식사도 하고 티브이도 볼 수 있게 되었다.

자식은 부모가 곁에 있어만 주면 그것으로 충분하다고 생각할 수 있다. 눈이 보이지 않고 귀가 들리지 않고 몸이 쇠약해 일을 할 수 없어도 옆에 있어만 주면 된다고. 그 심정은 충분히 이해한다.

고령자 자신도 일하고 싶다고 말하는 게 조심스러워 하고 싶은 일을 하지 못하게 된다. 그런데 나이가 들어 눈이 보이지 않고, 귀가 들리지 않고, 거기다 하는 일마저 없으면 자극이 줄어들어 치매로 진행되기 쉽다.

젊을 때는 눈과 귀의 중요성을 인식하지 못한다. 그러나 나이가 들면 티브이, 라디오, 책, 신문, 잡지, 가족과의 대화에서 즐거움을 느끼기 때문에 눈과 귀의 고마움을 뼈저리게 느끼게 된다.

치매를 예방하는 방법으로는 몸과 머리를 쓰는 운동이 효과적이다.

운동이라고 하면, 티브이에서 자주 보는 '요양시설에서 하는 놀이'를 떠올리는 사람이 많은데, 생각해 보자. 당신이 나이가 들면 그런 놀이를 하고 싶을까. 고령자도 자신이 하고 싶은 일이 있다. 가능한 한 본인이 하고 싶은 일을 하게 하는 것이 좋다. 꼭 놀이여야 하는 것은 아니다.

무엇이 좋을지 모를 때는 정원 가꾸기 같은 식물 돌보기가 효과적이다. 다소 몸이 부자유스러워도 식물에게 물을 주고 말을 걸게 해 보자. 요양시설에 입소한 치매 환자를 대상으로 한 연구를 보면, 식물을 돌보게 하니 집에 가고 싶다고 하거나 폭언을 하는 경우가 크게 줄었다. 인지기능도 개선되었다.

왜일까? 첫째, 식물 돌보기는 몸을 움직이게 한다. 물을 주는 동작이 운동이 되는 것이다.

둘째, 정해진 시간에 움직이게 한다. 밖에서 일을 하거나 특별한 볼일이 없으면 사람은 하루 종일 집 안에서 빈둥거리게 되어 밤낮을 구별하기 어렵게 된다. 특히 현대사회는 밤에도 불을 환하게 밝혀 생활 리듬이 깨지기 쉽다. 그러나 식물을 키우면 물을 주는 시간이 정해져 있어서 생활에 리듬과 활력을 줄 수 있다.

셋째, 자신이 무언가에 도움이 된다는 사실을 실감한다. 식물 돌보기는 손쉽게 성과(식물이 자라는 모습)를 확인할 수 있고, 자신이 어딘가에 필요한 존재라는 사실도 확인할 수 있는 좋은 활동이다.

반려자를 잃으면
스스로 생을 마감할 가능성이 높다

솔직히 매사 부정적인 고령자를 상대하는 것은 이쪽까지 침울하게 하기 때문에 그리 달가운 일이 아니다. 그렇지만 절대 방치해선 안 되는 시기가 있다.

가족과의 사별로 생활환경이 바뀌었을 때가 특히 그렇다. 고령이 되면 언젠가 사별을 겪는다. 노부부가 동시에 사망하는 일은 사고가 아닌 이상 드물기 때문에 가족이 있어도 혼자 생활하는 시기가 찾아온다. 그런데 기억할 것이 있다. 사별 후 1년 이내, 특히 6개월 이내에 남겨진 고령자의 사망률이 40%나 상승한다.[4]

즉, 사별 후 1년간은 지인들이 아무리 바빠도 자주 연락해 상황을 확인하는 것이 좋다. 배우자와의 사별은 고령자를 우울하게 한다.

남겨진 쪽이 남성이라면 더욱 주의해야 한다. 우울증은 피한다 해도 술에 빠져 알코올 중독이 될 확률이 적지 않다.

우리 아버지는 사별 후에도 활발하게 활동하니까 괜찮다고 생각하면 착각이다. 우울 증상이라고 하면, 말수가 줄고 어두운 표정으로 아래만 보는 것을 떠올리는데 고령자의 우울은 그렇게 단순하지 않다. 자주 초조한 상태가 된다. 젊을 때는 기분이 침울하면 몸도 무거워져서 움직이기 싫다. 그러나 고령자는 초조해지면 안절부절못하고 돌아다니곤 한다. 건강하다고 착각하기 쉬운 것이다. 그래서 자주 확인을 해야 한다.

초조해지면 자살할 확률도 높아진다.[5] 65세 이상은 15%가 우울 상태다.[6] 그리고 우울 상태의 고령자 21%, 즉, 5명 가운데 한 명이 2년 이내에 사망한다는 자료도 있다.[7] 이런 사실을 모르면 '왜 나는 불안해하는 아버지를 도와주지 못했나' 평생 후회하게 된다. 배우자가 사망하고 1년, 특히 49제가 끝나고 반 년 동안은 맥이 빠지거나 연락도 뜸해지기 쉬우므로 주위에서 잘 지켜봐야 한다.

- 💡 자신이 아무짝에도 도움 안 된다는 생각을 늘 한다.
- 💡 열심히 살아온 사람일수록 지금 상황에 주눅 든다.

주위 사람이 하기 쉬운 실수

- 부정적인 발언을 하지 못하도록 말문을 틀어막는다.
- 오래 옆에 있어 주기만 하면 된다며 무조건 안정시키려 든다.
- 취미를 무시하고 놀이로 충분하다고 생각한다.

주위 사람이 취해야 할 바른 행동

- 가능한 한 하고 싶은 일을 하게 해 준다.
- 몸에 무리가 가지 않고 실패해도 피해가 적은 일을 부탁한다.
- 몸을 적당히 움직이게 한다.
- 정해진 시간에 작업하게 한다.
- 주변에 도움이 된다고 실감할 수 있는 일을 하게 한다.
- 사별을 겪은 고령자에게는 정기적으로 연락해 심신의 건강을 확인한다. 특히 1년 동안은 주의해서 지켜본다.
- 안절부절못할 때 특히 신경 쓴다.

- '적당한 운동'이 되고 '위험이 적고' '성과를 실감할 수 있는'
  일을 한다.

- 주위에 피해를 주지 않는 범위에서 취미를 즐긴다.

애써 준비한 음식에
간장이나 소스를
흠뻑 뿌린다.

E는 오랜만에 친정집 나들이를 했다. 부모님을 위해 무청 멸치밥, 방어무조림, 유부 넣은 배추된장국, 당근톳무침, 미역초무침 등을 준비했다. 평소엔 반찬이 생선 무조림과 된장국 정도라 부모님한테 모처럼 잘 먹었다, 맛있다는 소리를 듣고 싶었다. "어서 드세요, 입맛에 맞을지 모르겠어요" 하고 말했지만 음식 맛에 자신이 있었다.

그런데 아버지는 가까이 있는 반찬을 한 입씩 먹어 보더니 생선 조림과 무침뿐 아니라 된장국에까지 간장을 넣었다. E는 의아했다. 어머니가 "여보 그건…" 하고 말하면서 미안한 듯 딸의 눈치를 보았다. "나는 맛있어, 고맙다"는 어머니의 말을 들으니 더 허무했다.

"싱겁다." 아버지는 맛이 없는지 젓가락질이 신통치 않왔다. '그렇게 싱거운가?' E는 음식을 다시 맛보았다. "하나도 안 싱거워요. 이게 뭐가 싱거워. 아버지는 고혈압이라서 짜게 드시면 안 되는데, 대체 어떻게 간을 맞추라는 거예요?"

"그래도 음식 솜씨는 많이 늘었다." 아버지도 말로는 인정해 주었다. 하지만 이미 음식에 간장을 치고, 아예 맛을 보지 않은 반찬에도 간장부터 넣는 것을 봐 버렸다.

염분은 젊을 때의 12배를 넣어야 똑같은 맛으로 느낀다

나이가 들수록 미각은 변한다. 당신도 어릴 적 좋아했던 음식과 학창시절에 즐겨 먹었던 음식, 지금 잘 먹는 음식이 조금씩 다르지 않은가. 나도 예전에는 기름진 음식을 좋아했는데 나이가 들면서 차츰 생선을 즐겨 먹게 되었다.

그런데 나이가 많이 들면 선호도가 바뀌는 게 아니라 아예 음식 맛을 느끼기 어렵게 된다. 똑같은 음식을 먹어도 맛을 모른다. 55세가 넘으면 젊은 사람에 비해 3배 이상 미각 장애가 나타난다.[1] 하지만 나이가 들어 미각 기능이 떨어진다는 인식은 거의 하지 못할 것이다. 미각의 변화는 알기 어려워서 미각 저하를 자각하지 못하는 사람이 많다.

직접 음식을 하는 사람은 미각 장애를 자각할 수 있다. 가족이 음식을 먹고 맛이 이상하다고 하기 때문이다. 반면,

요리를 하지 않는 사람은 그럴 기회가 없어서 평소대로 간을 해 줘도 그냥 맛이 없는 거라고 여긴다. 미각 기능이 저하하면 음식의 간이 강해지거나 짠 음식을 먹게 되어 고혈압과 당뇨병에 걸리기 쉽다.

또, 심장이 나쁜 사람은 미각이 둔해져서 짠맛을 느끼기 어렵다.[2] 미각은 '단맛, 짠맛, 쓴맛, 신맛, 감칠맛' 5가지가 존재한다. 혀에 있는 미뢰味蕾라는 세포가 맛을 느낀다. 미뢰는 10일마다 새로 교체된다.

그런데 왜 나이가 들면 맛을 느끼기 어려울까. 첫째는 미뢰의 재생 주기가 늦어지기 때문이다.[3] 오래된 미뢰는 센서가 약해서 맛을 잘 느끼지 못한다.

둘째는 나이가 들면 복용하는 약이 늘어나는데, 이것이 미각을 저하시키는 원인이 된다.[4] 특수한 약이 아니라 고혈압, 고지혈증, 당뇨병, 수면 관리 등에 일반적으로 쓰는 약을 복용해도 그렇다.

미각이 약 때문에 무뎌졌다고 생각되면 멋대로 약의 복용을 중단하지 말고 의사와 상담해야 한다.

나이가 들면 어떤 맛을 어떤 식으로 느끼는지 좀 더 자세히 알아보자. 짠맛은 나이에 가장 크게 영향을 받고, 단맛은 거의 영향을 받지 않는다. 그렇기는 해도 젊을 때에 비해 2.7배의 강한 단맛이 아니면 '달다'고 느끼지 못한다. 쓴맛은 7배, 신맛은 4.3배, 감칠맛은 5배다.[5] 그 정도일까 생각할 수 있는데, 짠맛은 11.6배, 약 12배나 강해야 젊을 때와 비슷하게 느낀다.

그러니 고령자가 짠 음식을 먹는 것도 이해는 된다. 고령자는 아무리 짜게 먹지 말라고 해도 염분 섭취를 줄이려 하지 않고, 저염간장을 사 와도 이전에 먹었던 간장을 찾는다.

염분을 줄여도
맛있게 먹을 수 있다!

해결책을 몇 가지 제안한다.

첫째, 염분 이외의 맛을 사용한다. 예를 들어 염분보다는 나이의 영향을 덜 받는 감칠맛 성분인 글루타민산(아미노산의 일종)을 대신 사용한다. 나이가 들어도 감칠맛은 염분보다 2배나 맛을 느끼기 쉽다. 멸치, 다시마, 조개 따위를 우려낸 맛국물을 사용하면 염분을 줄이면서 맛이 느껴지는 음식을 만들 수 있다. 국물을 진하게 우려내 염분을 대신하는 것이다.

환자들은 병원식이 싱겁다고들 한다. 입원한 경험이 있으면 이해할 것이다. 병원식이 싱거운 것은 몸에 좋은가만을 염두에 두고 영양소와 염분을 배분하기 때문이다. 나도 가끔 병원식을 먹는데 조금은 입맛에 맞게 간을 해 줬으면 좋겠다는 생각을 한다.

약해진 미각으로 맛있게 식사를 하기 위해서는 맛에 강약을 주는 것이 효과적이다.[6] 염분이 적은 음식만 먹으면 제대로 먹은 것 같지 않다. "이렇게 참으면서 오래 사느니 차라리 먹고 싶은 것 다 먹고 짧고 굵게 살겠다!"며 자포자기식 생각을 할 수도 있다.

모든 음식을 싱겁게 하기 어려우면 일부만 싱겁게 간한다. 그렇게 하면 음식 맛에 강약이 생긴다. 똑같은 염분으로도 평소보다 간이 맞게 느껴진다. 나이가 들면 만들어 먹는 음식이 다 거기서 거기다. 맛에 강약이 없고 어느 것을 먹어도 비슷하므로 강약을 주는 것만으로도 다르게 느낄 수 있다.

더 맛있게 먹으려면 침을 분비시킨다. 침이 나오면 입안의 음식물 성분이 녹아서 혀에 감기기 쉽기 때문에 맛을 느끼기 좋다. 신맛은 침 분비에 효과적이다. 시큼하면 침이 나온다. 감칠맛과 함께 신맛도 이용하자.

맛은 미각뿐 아니라 후각, 시각과도 관련이 있다.

버섯요리는 향과 함께 즐기는 것이 좋다. 커피도 갓 볶은 원두향이 나면 더 맛있게 느껴진다. 나는 예전에 피망을 싫어했는데 코를 막고 먹으면 조금은 맛이 덜 느껴져서 먹을 수 있었다. 그 정도로 후각은 맛에 영향을 준다.

시각도 중요하다. 색깔이 예쁘면 맛있게 느껴진다.[7] 패밀리 레스토랑이나 마트에서는 일반 가정과 다른 조명을 사용한다. 가정이나 직장에서는 주로 주광색(흰색), 주백색(전구색과 주광색의 중간색)같이 푸른빛 도는 전등을 사용한다. 방 전체가 밝게 보이기 때문이다.

그러나 음식은 오렌지빛이 나는 전구색(백열전구와 같은 노란색) 아래서 더 맛있게 보인다. 실제로 마트에서 맛있게 보여 사 온 반찬이 집에 와서 보면 마트에서 봤을 때랑 다르다는 느낌을 줄 때가 많다. 맛도 왠지 부족하게 느껴진다.

또, 식기를 잘 활용하면 음식이 더 근사해 보인다.[8] 흰쌀밥은 검은색 그릇에 담으면 깔끔해서 맛있어 보인다. 반대로, 고기 같은 진한 색깔의 음식은 하얀 접시에 올리는 것이 존재감을 드러내 맛있어 보인다.

소고기와 달걀로
아연을 섭취한다

나이가 들어도 미각을 유지하려면 뭐가 필요할까? 가장 중요한 영양소가 아연이다.

아연이 부족하면 미각 기능이 저하한다. 아연은 치료에 사용될 정도로 중요한 영양소다. 하지만 아쉽게도 일본인의 아연 섭취량은 줄고 있다. 국민건강영양조사에 의하면 아연 하루 섭취량이 2001년 8.5mg이었던데 비해 2015년은 8.0mg으로 서서히 줄고 있다.[9] (우리나라는 남자는 8~10mg, 여자는 7~8mg이다.)

아연 섭취량이 줄어드는 것보다 아연을 체외로 배출해 버린다는 사실이 더 심각하다. 마트나 편의점에서 파는 가공식품에 포함된 식품첨가물(피트산과 다중인산 류)이 원인이다. 가공식품은 손쉽게 먹을 수 있고 맛도 좋지만 미각

을 약하게 한다는 점도 기억해 두자.[10]

아연이 많이 함유된 식품은 굴, 게, 소고기, 간, 달걀, 치즈 등이다. 돼지고기나 닭고기보다 소고기에 아연이 많이 들어 있다. 이 중 소고기와 달걀을 가장 손쉽게 먹을 수 있을 것이다. 소의 허벅살(함박살)의 경우, 얇게 저민 것 2장(100g)이면 7.5mg을 섭취할 수 있다.[11] 1일 필요량은 남성은 9~10mg, 여성은 7~8mg이므로 달걀, 치즈 등을 함께 섭취하면 하루에 필요한 양을 채울 수 있다.[12]

매일 먹는 음식으로도 미각의 기능을 강화할 수 있다. 진한 양념의 음식을 먹다 보면 맛의 강약이 없어서 맛을 느끼기 어려워진다. 간이 싱거운 음식과 센 음식을 함께 먹으면 맛을 느낄 수 있다. 따라서 된장국을 싱겁게 먹고 소스의 양을 줄이는 날을 정해 두면 미각을 단련하는 데 도움이 된다. 적은 양의 염분으로도 짠맛을 느낄 수 있게 된다.

또 염분계(용액 속의 염분 농도를 측정하는 계기)로 염분 농도를 측정해서 자신의 실감과 비교하면 미각을 단련할 수 있다. 일본인의 경우 10%, 미국인은 30%가 맛을 모르는 맛치인데, 맛치도 단련을 거치면 정상적인 맛을 되찾았을 수 있다는 연구결과가 있다.[13]

틀니를 사용한다면 미각에 신경 써야 한다. 미각은 주

로 혀에서 느끼지만 다른 부위에서도 감지한다. 따라서 틀니, 그것도 위아래 전부 틀니를 사용하면 맛을 느끼기 어렵다.[14]

틀니의 소재도 미각에 영향을 미친다. 레진의 경우 자연스러운 색깔을 낼 수 있지만 입의 감각과 미각을 떨어뜨린다.[15] 맛을 느끼기 어려우면 금속제 틀니로 바꾸는 것도 한 방법이다.

입안에 금니나 은니처럼 여러 종류의 금속이 있으면 갈바닉 전류가 흘러서 이상한 맛과 감각이 느껴지므로 주의하자.

치아의 맞물림이 나빠도 미각 저하가 일어날 수 있으니[16] 치과에 가서 확인해 보자.

💡 나이가 들면 미각 기능이 저하한다. 짠맛의 경우는
   젊을 때의 12분의 1까지 떨어진다.

💡 약에 의해서도 미각이 떨어진다.

주위 사람이 하기 쉬운 실수

- 고령자가 원하는 대로 소금을 넣어서 고혈압을 조장한다.

- 조미료를 자꾸 추가한다.

주위 사람이 취해야 할 바른 행동

- 일부 음식만 간을 싱겁게 해서 반찬 전체에 맛의 강약을 준다.

- 짠맛 대신 감칠맛 성분과 신맛을 사용한다.

- 음식의 존재감을 부각시키는 식기를 사용한다.

- 주방의 전등을 전구색으로 바꾼다.

- 가공식품을 자제한다.

- 복용하는 약이 무엇인지 확인해 의사와 상담한다.

자신이 이렇게 되지 않으려면

- 아연이 많이 들어 있는 소고기, 달걀, 치즈, 게 등을 먹는다.

자신이 이렇게 되었다면

- 틀니를 사용하고 있으면 재질을 다시 확인한다.
- 치과에서 치아의 맞물림을 확인해 본다.

말수가 적고 무뚝뚝하다.
진지하게 이야기를
들으려고 하면
오히려 입을 닫아 버린다.

F의 아버지는 예전에는 서글서글하고 이야기하는 것을 좋아했다. 그런데 최근에는 말수가 크게 줄고 까다로워졌다.

> F : 아버지, 요전에 내과에 갔다 왔어요?
> 아버지 : 어어.
> F : 뭐래요?
> 아버지 : 나야 뭐 늘.

최근에는 늘 이렇게 무뚝뚝하다. 어머니와 대화도 거의 하지 않는 듯하다. 어머니는 황혼 이혼까지 생각하는 눈치다. 부모님 사이가 좋기를 바라지만 이렇게 입 다물고 사는 아버지와 생활하는 어머니가 가엾기도 하다.

어머니 : 여보, 저녁밥 어땠어요?

아버지 : 어어.

어머니 : 아까 슈퍼에 갔는데 갑자기 비가 와서 아주 혼났네.

당신은 오늘 어땠어요?

아버지 : 나야 뭐 늘.

이런 식이니 어머니가 황혼 이혼을 생각하는 것도 이해
가 간다.

'말수가 준다 → 주위와 거리를 둔다 → 고립'이라는 파멸의 길

나이가 들면 말수가 적고 까다로워지는 사람이 있다. 성격이 바뀌었기 때문만은 아니다. 목소리가 잘 나오지 않거나 말을 하면 피곤하기 때문인 경우도 있다.

그런 상태가 계속되면 말하는 게 귀찮아져서 더 말수가 줄어든다. 그럼 '사람이 까다롭다'는 인상을 주어 주변 사람도 말을 걸지 않는다. 결국은 고립되어 정말 까다로워지는 결과를 초래할 수 있다.

고령자가 말을 많이 하는 경우에도 잘 살펴야 한다. 진료 현장에서도 말을 잘 하는 할머니가 있어서 맞장구를 치며 듣다 보면 할머니가 힘들어한다. 아무리 말하는 것을 좋아해도 나이가 있으니 오래 말하는 것이 힘든 것이다. 그걸 모르고 말하기 좋아한다고 생각해 오랜 시간 말을 걸면, 고령자는 '저 사람을 만나면 피곤하다'고 싫어한다.

왜 노인은 말을 하면 피곤해할까? 두 가지 이유가 있다.

첫째, 소리를 내는 성대가 약해지기 때문이다. 몸의 근육이 약해지듯이 성대도 약해진다. 그래서 목소리가 제대로 나오지 않는다.

둘째, 목소리를 내기 위한 몸의 근육이 약해지기 때문이다. 목소리를 낼 때는 목의 근육만 사용한다고 생각하는데 그렇지 않다. '배로 소리를 내라'는 말처럼 사람은 가슴과 배의 근육을 사용해 숨을 내뱉어서 소리를 낸다. 가수나 뮤지컬 배우가 몸을 단련하는 것도 이와 관련이 있다.

남성이 여성보다
목소리를 내기 어려워진다

목소리의 노화는 여성에 비해 남성에게서 더 잘 일어난다. 노화로 인해 성대가 위축되는 비율은 남성이 67%, 여성이 26%다.[1] 남성 수가 여성의 3배 가까이 된다.

남성은 특히 흡연 때문에 목 상태가 나빠지기도 하고, 성대를 사용하지 않아서 약해지기도 한다. 일을 할 때는 매일 말하지만 퇴직 후 집에 있게 되면서부터는 말 상대가 아내뿐이다. 그렇지만 아내와도 많이 말하지 않는다. 성대가 약해질 수밖에 없다.

몸의 근육은 쓰지 않으면 약해진다. 나도 어릴 때 팔이 부러져서 깁스를 한 적이 있는데 깁스를 푼 날, 가늘어진 팔을 보고 깜짝 놀랐다. 팔도 쓰지 않으면 약해진다.

목소리도 마찬가지다. 퇴직하고 집에 있으면 목소리를

낼 일이 적어져 성대가 약해지고, 그럼 더 목소리를 내기 어려워져서 말수가 적어진다.

반대로 성대를 지나치게 사용하는 것도 문제다. 강사나 가수, 교사, 전화 응대원처럼 성대를 빈번히 사용하는 경우 그렇지 않은 사람보다 2배 이상이 소리를 내는 데 어려움을 겪는다.[2, 3]

성대는 사용하지 않아도 안 되지만 너무 사용해도 안 된다. 요컨대 '과유불급'이다. 일상대화 정도면 나빠지지 않는다.

목소리가 작든 무뚝뚝하든 별문제 없다고 생각할 수 있는데, 타인과의 대화가 줄면 집 안에만 틀어박히게 된다. 사람을 만나도 즐겁게 대화할 수 없어서 미안한 마음에 만남을 꺼리게 된다. 이는 우울증으로 이어질 수 있다. 노래방에 가는 게 취미였는데 발을 끊었다, 친구와 돈독했는데 이제는 밖에 나갈 일이 없어졌다는 노인들의 얘기를 심심치 않게 듣는다.

소리 내서 숫자를 세면 목소리가 잘 나온다

지금 어느 정도 목소리를 낼 수 있는가? 목소리를 체크하는 방법으로 '최대발성 지속시간'이란 것이 있다. '아-' 소리를 얼마나 길게 낼 수 있는지 확인하는 것이다. 평균 시간은 20~30초인데 남성은 15초, 여성은 10초 이하인 경우 발성 능력이 저하한 것으로 본다.[4]

가족끼리 한번 확인해 보자. 부모님 사이에 대화가 줄었다면 마음이나 기분이 엇갈려서가 아니라 성대가 노화되어 말하는 것이 귀찮아졌기 때문일 수 있다. 대화가 줄어 마음의 교류가 사라지고 황혼 이혼으로 이어지는 건 슬픈 일이다.

건강한 목소리를 유지하는 데는 발성 연습이 효과적이다. 이 방법은 80%의 개선 효과를 보였다.[5] 발성 연습을 하면 목소리를 잘 낼 수 있고, 목소리의 질도 좋게 유지할 수 있다.

방법은, 매일 1부터 10까지를 소리 내서 세는 것이다. 어릴 적 욕조에 들어가 숫자 세기를 연습했던 것처럼 샤워를 하면서 소리 내서 세어 보자. 발성 연습을 하면 고음과 저음 모두 쉽게 낼 수 있다. 이를 통해 목소리를 내는 성문聲門에 생긴 틈도 메워졌다는 보고가 있다. 발성 연습은 또 폐렴 예방에도 좋다.[6]

이 외에도 목을 보호하는 방법은 여러 가지가 있다.

직업상 목을 많이 쓰는 사람은 올바른 발성법을 알아 두면 성대 손상을 예방할 수 있다.

잠을 잘 때 목이 건조하면 방의 습도를 조절한다. 코를 곤다면 옆으로 누워서 자거나 적절한 치료를 받는다.

상태가 나빠졌을 때만 목을 보호하지 말고 사탕이나 껌을 씹는 등 평소부터 신경 써야 한다.

평소에 할 수 있는 방법은 수분을 자주 보충하는 것이다. 강연장에서는 강연자를 위해 물을 준비해 두는데 이는 수분을 통해 성대를 쉬게 하는 좋은 방법이다. 물의 온도는 상온에 가까운 것이 좋다.

목소리가 작은 사람의 이야기를 들을 때는 자연스럽게 다가간다

목소리가 작거나 목소리를 내기 힘든 고령자의 이야기를 들을 때는 어떻게 해야 할까?

대개는 "네? 뭐라고요?" 하고 여러 번 되묻는다. 그럼 상대는 말할 기분이 사라진다.

진료 현장에서도 왕왕 있는 일이다. 병원 직원이 고령의 환자에게 "알레르기 있어요?" 하고 묻는다. 환자가 "아, 알레르기는…" 하고 작은 소리로 답하는데, 그럴 때 "네? 뭐라고요?" 하고 짜증스런 어투로 되물으면 환자는 "없어요" 하고 서둘러 답해 버린다.

고령자에게는 한 걸음 더 다가가자. 그러면 되묻지 않고 들을 수 있다. 전화 통화를 할 때는 수신 음량을 높인다. 고령자를 상대하는 데 익숙한 요양직이나 의료직 사람들은 무의식적으로 한 걸음 더 다가가 거리를 좁힌다. 나도 바퀴 달린 의자를 사용한다. 환자의 목소리가 안 들릴 때 앉은 상태에서 자연스럽게 거리를 좁힐 수 있기 때문이다.

거리를 좁히면 그 전보다 음량이 23% 증가한다.[7] 거리를 좁히는 것은 '당신 이야기를 진지하게 듣고 있다'는 표시가 되기도 한다. 상대가 마음을 열어 준다.

반대로, 다른 일을 하면서 이야기를 들으면 '제대로 듣지 않는다'는 인상을 주므로 손을 멈추고 이야기를 들을 필요가 있다.

물론 차분하게 상대의 이야기를 듣는 것은 쉬운 일이 아니다. 하지만 목소리가 작은 사람의 경우 의사가 진료 차트를 적으면서 이야기를 들으면 '제대로 듣지 않는다'고 생각해 입을 다무는 것이 현실이다. 나는 손을 멈추고 상대를 보며 이야기를 듣는다. 그러면 입을 다물었던 사람도 다시 말을 꺼내기 시작한다.

- 성격이 바뀌어서일 수도 있지만 목소리를 내는 게 힘들어서 말수가 적어진다.
- 여성보다 두 배 이상의 남성이 말수가 적어진다.
- 아무도 말을 걸지 않아 외로워지고, 마음을 열지 않게 되어 말수가 줄기도 한다.
- 성대는 물론이고 목소리를 내는 근육도 약해진다.

주위 사람이 하기 쉬운 실수

- "네? 뭐라고요?" 하고 여러 번 되묻는다.
- 말수가 적은 노인은 무시한다.
- 말을 잘 하는 노인에게 자꾸 말을 걸거나 길게 대화한다.

주위 사람이 취해야 할 바른 행동

- 이야기를 들을 때는 자연스럽게 거리를 좁힌다.
- 통화할 때는 볼륨을 높인다.
- 작업 중일 때는 일단 손을 멈추고 이야기를 듣는다.
- "아-" 하고 몇 초 동안 소리 낼 수 있는지 확인한다.

- 담배를 끊는다.

- 취침 시 목이 건조하지 않도록 가습기를 사용한다.

- 코를 곤다면 옆으로 누워서 잔다.

- 자주 수분을 섭취한다.

- 부부 사이의 대화에 힘쓴다.

- 대화 상대를 찾는다.

- 노래방을 찾는 등 목소리를 낼 기회를 자주 갖는다.

자신이 이렇게 되었다면

- 소리 내서 1부터 10까지 센다.

'이거' '저거' '그거'가
많아서
설명을 알아듣기
어렵다.

부모님과 식사를 하기 위해 친정에 갔던 날이다.

"너, '그거' 좀 집어 줘." 아버지가 말했다. 예전부터 아버지는 G를 '너'라고 부른다.

나도 이름이 있는데…. 이름 대신 '너'라고 부르는 아버지가 싫었다.

애써 마음을 달래고 웃는 얼굴로 간장통을 집어 들었다. "아니, 저쪽에 있는 '저거' 말이야." 아버지는 크로켓을 소스에 찍어 먹는다. 그래서 소스를 집어 건넸다.

그러자 아버지가 말했다.

"너는 옛날부터 눈치가 없어. 저녁 먹을 때는 맥주잖아."

'눈치가 있으니까 소스도 건넸지. 저녁엔 맥주라는 규칙이 있는지도 몰랐구만. 내가 맥주까지 챙겨야 하는 거야.

그냥 맥주 마시고 싶다, 한마디면 될 걸 왜 저려셔!'

속으로 투덜대면서 G는 마지못해 맥주를 가지러 갔다.

"너 '그건' 어떻게 됐니?"

아버지가 또 물었다.

아이 학교를 말하는 건지, 집안일을 말하는 건지 알 수가 없어 "그게 뭔데요?" 하고 되물었다. 그러자 아버지는 벌컥 화를 냈다.

"그게 그거지, 멍청하기는!"

"왜 화를 내세요? 그거라고 하니까 뭔지 몰라서 묻는 거잖아요. 그게 뭔데요!"

G도 언성을 높였다. 아버지는 눈길도 주지 않고 "시끄러워, 건방지게" 하고 말을 잘라 버렸다.

버젓이 이름이 있는데 '너'라고 부르질 않나, '저거' '그 거'라고 해서 언쟁을 자초하질 않나…. 그렇게 화낼 일도 아니잖아. 가끔 딸이 오면 반갑지 않을까. G는 화가 났다.

식사를 끝내고 어머니가 귓가에 대고 속삭였다. "네 아버 지, 요즘 들어 '이거' '저거' 하고 말할 때가 많아. 무슨 말 인지 모르겠는데, 이전보다 화도 잘 내."

고령자의 판단력은
낮지 않다

'그거'를 '저렇게' 해서 '그렇게' 하면, 하는 식으로 구체적인 단어를 말하지 않고 설명하는 경우가 늘었는가? 나이가 들면 사물의 이름이 잘 기억나지 않는다. 또, 젊은 사람에 비해 이야기가 2배 이상 길어진다.[1] "왜 그 배우 있잖니. 머리숱이 적고, 예전에 불륜으로 떠들썩했는데. 그 드라마에도 나온 사람인데" 하는 식으로 사람 이름을 쉽게 떠올리지 못한다.

나이가 들면 '이거' '저거' '그거'가 늘어나는 것은 기억력 감퇴만의 문제가 아니다. 기억을 많이 하기 때문이기도 하다. 고령자라고 해서 머리가 나쁜 것은 아니다. 사물을 기억하는 능력은 떨어지지만 오래 산 만큼 기억하고 있는 양이 많아서, 즉 판단 재료가 풍부해서 판단력은 낮지 않다.[2]

누구나 어릴 때는 아버지, 어머니밖에 모른다. 그러다 차츰 학교 친구의 이름을 외운다. 사회인이 되면 동료, 고객, 매스컴에 등장하는 사람, 업계 유명인사, 거의 만나지 못하는 먼 친척 등 많은 사람의 이름을 알게 된다. 그렇게 노인이 된다. 그때가 되면 지금까지 만난 사람의 이름이 방대해져서 도저히 다 외울 수 없다. 사람 이름만 해도 이 정도니, 사물의 이름까지 포함하면 더 말할 것도 없다. 고령자는 아주 많은 이름을 저장하고 있기 때문에 쉽게 떠올리지 못한다.

고령자가 "그거 사 와라" 하고 말할 때 당신이 "그게 뭔데요?" 하고 물었다고 하자.

"그거 말이야, 그거. 베란다에 있는 화분에 꽂는 거. 뭐지, 그게?" 하고 말하면서 "맞아, 식물용 액체 비료"라고 말한다면 괜찮다. 이처럼 명확히 아는데 이름만 생각나지 않을 때는 단순한 건망증이므로 크게 신경 쓰지 않아도 된다. 나이가 들면 깜빡하는 경우가 자주 있기 때문이다.

반면에 "그게 그거지. 따지지 마!" 하고 화를 낸다면 문제다. 치매 징조일지도 모른다.[3]

화를 내는 이유는 자신도 '그거'가 무엇인지 모르는데 지적당하는 게 싫기 때문이다.

대화를 이어 가기 위해
얼버무린다

이야기를 듣고 있는데 화를 내다니 너무하다 싶겠지만, 그
것은 방어기제다. 자신이 기억을 잘 하지 못한다는 사실을
받아들이고 싶은 사람은 없다. 대화를 이어 가는 데 문제가
없는 듯 얼버무리는 것도 이 때문이다. '얼버무리기 반응'
'상황적 반응'이라는 이름이 붙어 있을 정도로 흔한 일이
다.[4]

　잘 모르겠으니까 둘러대자고 처음부터 의도하는 것은
아니다. 그냥 무의식적으로 그렇게 된다. '이거' '저거'가 늘
어서 의미 없는 대화가 계속될 때도 있다. 진료 현장에서도
자주 있는 일이다.

　나 : 최근에 내과에는 가셨어요?

고령자 : 요즘에는 나이가 들어서.

나 : 네, 연세가 들면 여기저기 불편하죠. 기다리시게 해서 죄
　　송해요. 점심은 드셨어요?

고령자 : 요즘은 조금만 먹어도 배가 불러.

나 : 잘 못 드시는군요. 그런데 약은요?

고령자 : 아, 그건 괜찮아요.

언뜻 보아서는 대화를 하고 있는 것 같지만 그렇지 않다.
내과에 갔는지 가지 않았는지 고령자는 완전히 잊은 상태
다. 점심을 먹었는지도 기억 못 한다. 그리고 무의식중에
'악의 없이' 둘러댄다.

"무슨 소린지 모르겠네, 정확히 좀 말해 봐요.""왜 늘 그
렇게 애매하게 말해요?""내과에 갔는지 안 갔는지도 모르
면 어떡해요.""사실은 점심을 먹었는지 기억이 안 나는 거
죠? 적당히 말하면 안 돼요." 이렇게 확인하고 싶은 기분도
이해는 한다.

하지만 질책은 상대를 더욱 혼란스럽고 우울하게 한다.
더 이상 말하고 싶지 않게 한다. 둘러대면서까지 대화를 이
어 가려고 했던 마음조차 시들해진다. 잘못을 바로잡는 것
은 올바른 행동 같지만 상대를 궁지로 내몰게 되므로 지적

은 금물이다.

'이거' '저거'를 섞어 말하는 빈도가 높아지면 '이거' '저거'가 정말 있는 사물인지, '이거' '저거'의 사용을 지적했을 때 화를 내는지 확인해 보자.

먼저, "저거가 뭔데요?" 하고 묻는다.

그때, "시끄러워, 저거가 저거지" 하고 화를 내면 '저거'가 뭐냐고 다그치지 말고 다른 건망증 증상은 없는지 자연스럽게 확인하자. "오늘이 며칠이더라?" 하고 깜빡한 것처럼 물으면 상대에게 상처 주지 않고 확인할 수 있다.

얼버무리기 반응은 눈치채기 쉽지 않다. 대화가 자연스럽게 흘러가기 때문이다. 내 경험으론 얼버무리며 대화를 이어 가는 환자 중엔 양순한 사람이 많다. 어떻게든 대화를 맞춰 가려 하기 때문에 말도 잘 꺼낸다. 웃으며 말하니 '혹시 얼버무리고 있나?' 의심하지 않게 된다. 가족들은 특히 못 알아챈다. 기억이 안 나서 얼버무리는 거라고 받아들이고 싶지 않은 마음에 모른 척 넘어가게 된다.

하지만 고령자는 '얼버무리기'를 한다는 사실을 유념하자. 그래야 알아챌 수 있다.

중요한 일을 기억하지 못할까 봐, 약을 먹었는지 안 먹었는지 잊어버릴까 봐 걱정될 때는 어떻게 해야 할까? 의료 요양 현장에서 약의 복용 유무는 확인해야 할 주요 사항이다. 간호사, 시설 직원, 요양사, 가족 등이 필사적으로 물어 확인하는 것도 이해는 된다. 그러나 다그쳐 물어서 "먹었다" 혹은 "안 먹었다" 대답을 들었다 하자. 그 대답을 신뢰할 수 있을까.

고령자의 신체적·정신적 변화를 모르는 의사, 현장을 모르는 시설장, 자신은 아무것도 하지 않는 가족이 '정확히 물어야 한다'고 멋대로 말하는데, 그건 무리다. 일단은 상대를 다그치지 않는 방법 안에서 복용 여부를 확인하고 그걸 근거로 유추하는 수밖에 없다. 그런 다음에 약 복용을 관리하는 누군가를 정하는 등 대안책을 찾아야 한다.

말하면서 산책하면
뇌가 활성화된다

앞으로 당신 자신의 기억력이 약해지지 않도록, 치매에 걸리지 않도록 하려면 어떻게 해야 할까?

가톨릭 수녀 연구the Nun study(수녀들이 사후 기증한 뇌로 하는 치매·노화 연구)라는 것이 있다. 수녀들은 거의 똑같은 식사와 똑같은 생활을 하는데 치매에 걸리는 사람과 치매에 걸리지 않는 사람은 뭐가 다른지를 조사하는 것이다. 이 연구로 운동과 식사에 차이가 없어도 젊었을 때 쓴 작문 실력, 특히 문장의 복잡성과 나이가 들었을 때의 치매 발병률이 상관있다는 결과를 얻었다.[5] (수녀들은 요약적 전기를 한 쪽씩 쓰는데, 복잡하고 낙관적인 생각을 담아 공들여 문장을 썼던 수녀들이 치매에 걸릴 확률이 낮았다.) 나이 든 후의 대처도 중요하지만 40대, 50대부터 미리 대처하도록 하자.

글쓰기는 중요하긴 해도 귀찮다. 귀찮으면 책을 읽으면 된다. 책을 읽으면 치매 발병률을 35% 줄일 수 있다. 지금 당신이 하는 행위(=이 책을 읽는 일)는 치매 예방에 효과적이다.[6]

1만 79명을 대상으로 한 대규모 연구에서는 복잡한 일을 하면 치매 예방에 도움이 된다는 결과가 나왔다.[7] 가정이나 이웃 사이에서 발생한 일을 상담해 주고 해결을 돕는 일이 그렇다. 보수를 받지 않는 일이어도 해 보자. 특히 인간관계에서 일어나는 복잡한 일에 관계하면 치매 발병률을 20% 낮출 수 있다. 쉬운 일은 아니지만 치매 예방 차원이다, 생각하고 적극적으로 나서 보자.

지적 호기심도 치매 발병률을 낮추고, 기억력 저하를 32%나 줄인다.[8] 평소 보던 것과 다른 티브이 프로그램을 시청하고 다른 라디오를 청취한다, 산책 코스를 바꿔 본다, 이런 사소한 변화가 치매를 예방한다.

산책하면서 대화를 하는 것도 좋다. 동시에 두 가지 이상의 일을 하면 인지기능을 단련할 수 있다.[9] 대화를 하면서 걷는 행위는 머리에도, 몸에도 좋은 운동이 된다.

가족이 한집에 살지 않는다면 시간 맞춰서 함께 산책하기를 권한다. '연락 한번 해야지' 하는데 그게 참 쉽지 않다. 짬날 때 연락하자고 생각하지만 여유가 잘 나지 않는다. 차라리 일주일에 한 번, 토요일 오후 6시부터 같이 걷자고 정하는 편이 낫다.

사는 동네가 너무 멀어서 만나기 어렵다면 걸으면서 통화하는 것도 한 방법이다. 손을 사용하지 않고도 통화할 수 있는 여건을 마련하고, 산책하면서 최근 일주일 동안 일어난 일을 말해 보자. 이렇게 정기적으로 연락하면 고령자의 건강 상태나 고민을 알 수 있고, 치매 초기인지 아닌지 확인할 수도 있다. 산책을 하며 대화하는 것은 간단하고 유용한 치매 예방법이다.

- ☙ '이거'나 '그거'의 정체를 다그치면 마음을 걸어 잠근다.
- ☙ 노인의 기억은 남기 쉬운 것과 사라지기 쉬운 것이 있다.
- ☙ 대화가 이어지도록 얼버무리는 경우가 있다.

주위 사람이 하기 쉬운 실수

- '이거'나 '저거'가 무엇인지 캐묻는다.

주위 사람이 취해야 할 바른 행동

- 다그치지 말고, 결론을 서두르지도 말고 이야기를 듣는다.
- 고령자는 얼버무리는 경우가 있다는 사실을 알아 둔다.

자신이 이렇게 되지 않으려면

- 책을 읽는다.
- 글을 쓴다.
- 복잡한 일을 한다.

- 티브이나 라디오는 늘 보고 듣던 것 말고 다른 프로그램을 보고 듣는다.

- 평소와 다른 길로 산책한다.

- 산책하면서 대화한다.

신호가 빨간불로 바뀌었는데도 천천히 건넌다.

교통사고를 항상 조심해야 한다, H는 오늘도 안전운전을 다짐했다. 그런데 뒤따라오는 차가 아까부터 차간거리를 좁히며 빨리 가라고 재촉한다.

우회전하려고 교차로에 멈췄는데 뒤차도 우회전 차선으로 따라 들어왔다. 맞은편 차가 많아 기다리고 있는데 우회전 하자마자 있는 횡단보도를 한 할머니가 천천히 건너고 있는 게 보였다. 이쪽이든 맞은편이든 할머니가 건너야 움직일 수 있다. 뒤차는 기다릴 수 없는지 차간거리를 더 좁혀 온다.

맞은편 차의 흐름이 겨우 끊어졌다. 우회전을 했는데 할머니는 아직도 횡단보도를 건너는 중이다. 내 차는 괜찮지만 뒤차는 다른 차의 통행을 완전히 막는 위치에 있다. 그러면서 내게 클랙슨을 울려 댄다. "할머니가 아직 건너고 있잖아. 할머니, 신호가 바뀌었으니 빨리 건너요." 혼잣말을 하는데 할머니는 아무 일 없는 듯 유유자적이다.

　그때였다. 보행자 신호등이 이미 빨간불로 바뀌었는데도 다른 할머니가 횡단보도를 건너기 시작했다.

신호등은
노인을 고려하지 않는다

미국은 보행자 신호가 점멸등으로 바뀌어도 보행자가 끝까지 건널 수 있게 되어 있다. 영국은 (방식에 따라 다르지만) 횡단보도에 보행자가 없는지 감지한 후 신호가 바뀌기 때문에 안전하다. 일본은 건너는 중에 초록불이 깜빡거리면 뛰어서 건너도록 (혹은 제자리로 돌아가도록) 법이 되어 있어서 고령자에게는 불편하다.

게다가 횡단보도는 대략 1초에 1m를 걷는다는 전제에서 만들어진다.[1] 그러나 85세가 넘으면 1초에 남성은 0.7m, 여성은 0.6m밖에 걷지 못한다. 1초에 1m를 걸을 수 없다는 뜻이다.[2] 보폭이 작아지는 게 한 가지 이유다.[3] 보폭을 크게 하면 빨리 걸을 수 있지만 몸의 흔들림이 커져서 넘어지기 쉽다. 그런데도 왜 이렇게 느리냐, 빨리 걸어라 재촉

하는 것은 너무 가혹하지 않은가.

고령자는 횡단보도에 서서 건널 준비를 하고 있던 게 아니라면 신호가 초록불이어도 도중에 건너지 말아야 한다. 빨간불로 바뀌었다가 다시 초록불이 켜질 때까지 기다린 다음, 초록불이 켜지자마자 건너기 시작하면 빨간불로 바뀌기 전에 횡단보도를 건널 가능성이 그나마 높다.

1초에 어느 정도의 속도로 걸을 수 있는지 확인해 보자. 실제로 횡단보도를 건너 보면 알 수 있다. 횡단보도의 하얀 선은 45~50cm, 하얀 선 사이의 간격은 45~50cm다. 하얀 선과 아무것도 그어져 있지 않은 곳을 한 세트로 하면 대략 1m가 된다.

당신의 부모님 혹은 소중한 사람이 이 한 세트를 1초에 걸을 수 있다면 다행이지만 그렇지 않다면 주의가 필요하다.

초간단 스쿼트와 보행보조차로
빨리 걸을 수 있다!

1초에 1m를 걷기 위해서는 다리 근육을 단련해야 한다. 스쿼트가 좋다는 건 아는데 고령자는 왠지 부담스럽다. 하지만 가볍게 다리를 굽혔다 펴는 정도의 초간단 스쿼트라면 할 만하다.

먼저, 의자에 앉아 다리를 30도 정도 벌린다. 그 상태로 앞의 책상을 살짝 짚고 일어선다.[4] 이렇게 앉았다 일어서는 것을 5, 6회 반복한다. 달리 말하면, 의자에서 일어서는 동작이다. 스쿼트라고 하면 힘들게 느껴지는데 의자에서 일어서는 운동이라고 하면 왠지 할 수 있을 것 같다.

초간단 스쿼트마저 하기 힘들다면 보행보조차(실버카)를 사용하는 것도 방법이다. 보행보조차는 노인이 밀면서 걷는 기구로, 짐도 넣을 수 있고 앉을 수도 있다. 걸음이 더

디고, 의자에 앉을 때조차 힘과 시간을 들여야 하는 환자도 보행보조차를 사용하면 의외로 쉽게 움직일 수 있다.

보행보조차를 사용하면 맨몸으로 걷거나 지팡이에 의지해 걸을 때보다 보행 속도가 18% 빨라진다는 연구가 있다.[5] 중심이 안정되고, 바퀴 덕에 큰 에너지를 소모하지 않아도 되기 때문이다.

키가 작은 노인은
중요한 장기를 다치기 쉽다

나이가 들면 교통사고에 의한 장기 손상 위험이 급격히 높아진다. 고령자가 젊은이에 비해 몸이 약해서이기도 하지만 키하고도 관계가 있다.

보행자의 키가 작으면 운전자가 잘 보지 못할 수 있다.

또, 키가 작으면 골반의 위치도 낮아진다. 허리 인근에 있는 골반 주위에는 중요한 장기가 위치해 있어서 골반 골절 같은 큰 사고를 당하면 목숨이 위태로워지기도 한다.

일반적인 승용차를 기준으로 볼 때, 교통사고가 나면 차가 보행자의 다리에 부딪치기 때문에 다리 골절이 많고 골반 부상은 드물다. 그러나 고령자는 대개의 경우 키가 작기 때문에 차가 허리에 부딪쳐 중상을 입을 확률이 높다.

후생노동의 〈후생총계요람厚生總計要覽〉에 의하면[6] 30대

남성의 평균 신장은 171.5cm, 여성은 158.3cm이다. 고령자는 남성이 161.9cm, 여성이 148.3cm이다. (〈2017 국민체력 실태조사〉에 의하면, 우리나라 30대 남성의 평균 신장은 174.1cm, 여성은 161.4cm이다. 고령자는 남성이 165.0cm, 여성이 152.2cm이다.)

노인은
신호등이 보이지 않는다

횡단보도를 건널 때 고령자는 신호등을 거의 보지 않는다. 넘어질까 봐 발아래를 보고 걷는다. 게다가 허리도 굽었다. 신호등을 올려다보기가 어렵다. 걸음을 멈추고 상체를 들어 올리지 않으면 보이지 않는다.

또, 눈꺼풀까지 처져 있다. 시야의 위쪽은 보기 힘들기 때문에 아예 신호를 보지 않는다.[7] 멀리 떨어진 곳에서는 신호등이 보이지만 가까이 가면 보이지 않는다. 눈꺼풀이 처지지 않았을 때는 상향 45도 이상 보인다. 그러나 나이가 들고 눈꺼풀이 처지면 차츰 시야가 좁아진다. 상향 30도로 시야가 제한되면 7m는 떨어져야 신호등을 볼 수 있다. 상향 20도로 시야가 제한되면 10.5m는 떨어져야 한다.[8, 9] 작은 교차로에서는 신호등과의 거리가 가깝기 때문에 특히

나 신호등을 보지 못한다.

만일 집안의 고령자가 식기나 늘 사용하는 물건을 위쪽에 두지 않는다면 눈꺼풀이 처졌는지 살펴보자. 실제로 눈꺼풀을 손가락으로 집어 들어 올려 주면 눈꺼풀이 처져 있었던 경우 "잘 보인다!"고 감탄할 것이다. 참고로, 눈꺼풀이 처지면 사물을 보기 어려울 뿐 아니라 어깨결림과 피로를 느끼게 된다.

눈꺼풀이 처지는 안검하수眼瞼下垂라는 증상은 안과에서 다룬다. 고령의 환자를 진찰하다 보면 처진 눈꺼풀 때문에 신호등을 미처 보지 못한 경우를 만난다. 늘어진 피부를 제거하는 수술을 받은 후 눈이 커져서 보기 쉬워졌다고 말하는 사람들이 있다.

눈꺼풀이 처져서 신호등을 잘 보지 못하는 상황은 보행뿐 아니라 운전 중에도 일어난다.[10] 잘못하면 신호를 무시하고 돌진할 우려가 있다.

콘택트렌즈와 안경은
눈꺼풀을 처지게 한다

눈꺼풀 처짐은 예방이 중요하다. 콘택트렌즈 사용자는 눈꺼풀이 처지기 쉬우므로 주의해야 한다. 특히 하드렌즈는 장시간 사용하지 않는 게 좋다.

가렵다고 눈을 세게 비비는 습관도 눈꺼풀 처짐을 가속화한다. 여성은 화장을 지울 때 문지르기 때문에 눈꺼풀이 처지기 쉽다. 문지르지 말고 가볍게 닦아 내는 습관을 들인다. 인조 속눈썹은 눈꺼풀을 무겁게 해 처지게 하므로 붙이지 않는 편이 좋다.

정기적으로 눈꺼풀을 올리는 눈 운동을 하면 좋다. 눈을 세게 감았다가 크게 뜨면서 눈꺼풀을 들어 올린다. 아무데서나 자투리 시간에 할 수 있으므로 하루에 10번씩 해 보기를 권한다.

본격적인 해결을 원하면 수술을 고려해 볼 수 있다. 안과와 성형외과에서 다루는데 우선 안과 전문의와 상담하자.

- 고령자는 초록불일 때 횡단보도를 다 건널 만큼 빨리 걸을 수 없다.
- 넘어질까 봐 발아래만 보기 때문에 신호등은 거의 볼 수 없다.
- 눈꺼풀이 처져서 위쪽에 있는 신호등이 보이지 않는다.
- 허리가 굽어서, 보행을 멈추고 상체를 들어 올리지 않으면 신호등이 보이지 않는다.
- 키가 작아서 교통사고를 당하면 골반 주위의 중요 장기를 다치기 쉽다.

주위 사람이 하기 쉬운 실수

- "느릿느릿 걷지 말고 빨리 건너라"고 질책한다.
- 노인이 신호를 무시하는 건 무신경하기 때문이라고 생각한다.
- 노인이 신호를 무시하는 건 빨간 신호에서든, 횡단보도가 없는 길에서든 차가 알아서 서 줄 거라고 착각하기 때문이라고 단정한다.

주위 사람이 취해야 할 바른 행동

- 횡단보도의 한 세트인 1m를 1초에 걸을 수 있는지 확인한다.
- 운전할 때는 키가 작은 노인이 길을 건널 가능성도 생각한다.

자신이 이렇게 되지 않으려면

- 콘택트렌즈, 특히 하드렌즈는 장시간 사용하지 않는다.
- 눈을 세게 감았다 크게 뜨는 운동을 하루 10번 실시한다.
- 인조 속눈썹은 가능한 한 붙이지 않는다.
- 화장을 지울 때는 가볍게 닦아 낸다.
- 스쿼트로 다리 근육을 단련한다.

자신이 이렇게 되었다면

- 횡단보도에서 건널 준비를 하고 있던 게 아니라면 초록 신호여도 중간에 건너지 말고 다음번에 건넌다.
- 보행보조차를 사용해 보행 속도를 높인다.
- 책상을 짚고 의자에서 일어서는 초간단 스쿼트로 다리 근육을 단련한다.
- 처진 눈꺼풀을 제거하는 수술을 고려한다.

노인이 자주 하는
난처한 행동 09

입 냄새가
심하다.

L의 어머니는 젊었을 때부터 활기가 넘쳤다. 매일 화장을 하는 등 매무새에도 신경을 많이 쓴다. 취미로 훌라댄스를 하는데 최근에는 실력이 많이 늘었다. 다음 달 있을 발표회를 앞두고 연습이 한창이다.

"이 동작, 어렵지 않아?" L의 어머니가 훌라댄스 모임의 친구에게 물었다. 친구는 순간 살짝 얼굴을 찌푸리며 "어, 그래…"하고 자리를 떴다. 요즘에는 모임 친구들과의 대화가 크게 줄었다. '내가 무얼 잘못했나?' 의기소침해졌다.

손자의 태도도 차가워졌다. 예전에는 "할머니" 부르며 먼저 다가왔는데 초등학생이 된 후로는 거리를 둔다. 그럴 나이인가? 생각했는데 할아버지나 다른 사람에게는 반갑게 다가간다.

그런 일이 이어지자 매일 우울하다. 사람과 대화하는 것
도 싫어졌다. 매일 외출하고 댄스 모임에도 나가고 쇼핑도
했는데 밖에 나가지 않게 되었다. L의 아버지는 그런 아내
가 걱정되어 병원에 가 보자고 했다.

입 냄새는
본인은 알기 어렵다

나이가 들면 입 냄새가 난다. 아무리 상냥하고 보기 좋은 미소를 지으며 재미난 이야기를 해도 입 냄새가 나면 손자는 도망쳐 버린다.

그렇다고 가족이 집안의 어른인 고령자의 입 냄새를 지적하기는 쉽지 않다. 고령자는 가족들이 왠지 자신을 피한다고, 싫어한다고 생각해 소외감을 느낀다.

나이가 들면 입 냄새가 나는 이유는 뭘까.

'할아버지 입 냄새'라는 틀니용품 광고가 유명해진 탓도 있어서 노인의 입 냄새는 틀니가 원인이라고 생각하는 경향이 있다. 그러나 틀니만이 아니다. 입 냄새는 85%가 입의 문제로 일어나며 15%가 위 등 몸속의 문제로 일어난다.[1] 나이가 들면 입안의 살균과 세정에 효과가 있는 침이 줄기 때문에[2] 입 냄새가 발생하기 쉽다.

입 냄새는 늘 있기 때문에 본인은 쉽게 알아채지 못한다. 다른 사람의 집에 가면 독특한 냄새가 날 때가 있는데 그 집에 사는 사람은 모르는 것과 같다.

그래서 자신은 입 냄새가 별로 나지 않는다고 생각하지만 60세가 넘으면 43%가 입 냄새를 풍긴다.

일단 자신의 입 냄새를 확인해 보자. 컵만 있으면 된다. 컵에 대고 숨을 내쉰 뒤 손으로 입구를 막는다. 그러고 나서 코로 신선한 공기를 들이쉬고 '하-' 하고 숨을 내쉰 다음 컵의 공기를 코로 들이쉰다. 과연 어떤 냄새가 날까?

아무리 예쁘고 귀엽고 성격이 좋아도 입에서 냄새가 나면 고개를 돌리고 싶어진다. 나는 토이푸들을 키운다. 생김새도 귀엽고 쓰다듬어 주면 꼬리를 흔들며 좋아한다. 산책도 잘한다. 그런데 입에서 냄새가 심하게 날 때가 있다. 내 얼굴을 핥으며 애정표현을 하는데 냄새가 심할 땐 얼굴을 떼고 싶다.

치주염과 충치를
해결해야 한다

입 냄새의 원인은 85%가 입안에 있다. 나이가 들면 침의 분비가 줄어서 입 냄새가 난다.

침은 소화를 도울 뿐 아니라 입안을 깨끗하게 해 준다. 침이 줄어서 입안이 건조해지면 음식물 찌꺼기와 세균을 씻어 내지 못한다(침은 약 99%가 수분이다. 이 수분이 입안을 흐르면서 음식물 찌꺼기 등을 씻어 준다). 음식물 찌꺼기 등이 쌓이면 냄새가 난다.

또, 혀에는 설태라는 것이 낀다. 혀의 표면이 하얗게 또는 노랗게 되는 증상이다. 침이 부족하면 설태가 생기기 쉬워 냄새를 발생시킨다.

입안에 음식물 찌꺼기 등이 쌓이면 치주염균, 충치균을 막을 수 없고, 냄새도 강해진다.

특히 문제가 되는 것은 치주염이다. 치주염은 40세가 넘으면 80%에게서 나타난다.[3] 가벼운 치주염은 잇몸에 살짝 염증이 생기는 정도다. 그러나 심해지면 양치질을 할 때 잇몸에서 피가 난다. 또, 입안이 가렵다. 나이가 들면 침의 분비가 줄어 입안의 음식물 찌꺼기나 치주염균을 제거하지 못해 치주염이 심해진다.

치주염은 입안의 음식물 찌꺼기를 녹여서 가스를 발생시킨다. 황화가스라는, 온천에서 나는 가스와 똑같다. 흔히 '달걀 썩는 냄새'로 비유되는 악취가 발생한다. 치주염이 악화되면 입 냄새를 유발할 뿐 아니라 치아를 지탱하는 뼈까지 녹인다.

칫솔과 치약만으로는
깨끗해지지 않는다

양치질이 중요하다. 양치질을 할 때 칫솔만 사용하는 사람들이 많은데 치실로 치아 사이의 음식물 찌꺼기를 제거해야 한다. 나도 치실을 뒤늦게 사용했다. 양치질로 충분하다고 생각했는데 치과의사인 친구가 치실을 사용하는 것을 보고 그후로 사용하게 되었다.

치실은 익숙해지기 전까지는 귀찮은데, 일단 익숙해지면 치아 사이의 음식물 찌꺼기가 깨끗이 제거되어서 기분까지 개운하다. 여행지 같은 데서 치실 사용을 깜빡하면 양치질을 덜한 기분이 들 정도다. 꼭 치실을 사용하기 바란다. 치아 사이, 치아와 잇몸 사이에 끼어 있는 음식물 찌꺼기를 남겨 두면 가스가 발생해 냄새가 나므로 미리미리 깨끗하게 한다.

특히 잘게 자른 음식을 먹은 후에는 반드시 양치질을 해야 한다. 나이가 들면 음식이 목에 걸리지 않도록 크기를 작게 하는데, 크기가 작으면 입안에 머물기 쉽다.

수분을 자주 섭취하는 것도 껌을 씹거나 음식을 잘 씹는 것처럼 입 냄새를 없애는 데 효과적이다.

혀를 닦는 것도 중요하다. 혀에서도 냄새가 발생하므로 혀를 정기적으로 닦는 것도 효과적인 방법이다.[4]

단, 지나치게 자주 세게 닦아 혀에 상처가 나는 경우가 있어서 여기에는 찬반양론이 있다. '부드럽게, 가볍게'가 기본인데, 잘 안 될 때는 치과의사와 상담해 보자.

"나는 틀니라서 충치와는 관계없다. 그래서 치과에 가지 않는다"고 말하는 고령자도 있다. 그러나 틀니도 불결하게 관리하면 입 냄새가 난다.

틀니는 사용하면 닳는다. 아무리 세정액에 담가 두어도 닳은 틈 사이에 낀 음식물 찌꺼기는 쉽게 제거되지 않는다. 틀니를 사용해도 평소 자주 관리하지 않으면 입 냄새가 심해진다.

게다가 입안에는 이만 있는 것이 아니다. 입안을 전체적으로 깨끗이 해야 한다.

나이가 들면 침의 분비가 줄어든다고 했는데, 침샘을 마

사지해서 침이 나오기 쉽게 하는 것도 효과적인 방법이다.[5]
침샘은 얼굴에 세 곳이 있다.

먼저, 귀밑샘. 귀 앞의 안쪽 어금니 부근에 있다. 손가락 전체로 문지르면서 10회 눌러 준다.

두 번째는 턱밑샘. 턱 아래에 있는 부드러운 부분을 손가락 전체로 10회 눌러 준다.

세 번째가 혀밑샘. 턱을 내밀었을 때 끝부분의 아래쪽이다. 이곳을 엄지손가락으로 10회 눌러 준다.

세 곳 모두 가볍게 누른다. 식사 전에 마사지하면 침 분비가 촉진되어 입 냄새가 줄고 소화에 도움을 주어 식사도 맛있게 할 수 있다.

신 음식, 과일, 감칠맛 성분도
침 분비에 도움이 된다

침을 나오게 하는 먹거리로는 레몬[6]과 매실이 좋다. 레몬을 먹는 장면을 상상해 보자. 입에서 침이 나오는 게 느껴질 것이다. '시다'는 느낌이 침의 분비를 촉진한다.

과일도 입 냄새 예방에 효과적이다. 파인애플과 파파야에는 단백질을 분해하는 파파인이라는 효소가 들어 있다. 파파인은 입속 단백질을 분해해 냄새를 억제시킨다. 키위에 들어 있는 액티니딘도 같은 효과가 있다.

사과는 천연 칫솔로 불린다. 신맛도 있어서 침이 나오기 쉽고, 식이섬유가 풍부해 베어 먹을 때 이를 깨끗하게 해 준다. 사과의 폴리페놀도 입 냄새 예방에 효과적이다.

과일만이 아니다. 감칠맛은 침 분비를 자극하고 침의 양을 늘려 주므로 감칠맛 나는 음식을 먹으면 입 냄새 예방에 도움이 된다. 감칠맛 성분인 글루타민산은 다시마, 멸치 등을 우려낸 맛국물에 들어 있다. 식사 후에 녹차를 마시는 것도 효과적이다.[7]

사탕을 먹거나
껌을 씹는다

침의 양을 늘리려면 사탕과 껌을 활용하는 것도 좋다.

사탕을 권하는 사람, 늘 사탕을 갖고 다니는 사람들이 있다. 입의 건조를 막기 위해 사탕이 필수품이 된 것이다. 치주염까지 생각하면 껌이 좋지만, 치아에 달라붙어서 싫다면 억지로 껌을 씹을 필요는 없다. 사탕을 이용하자.

딱딱한 음식을 씹어 먹는 것도 침의 분비를 늘린다.[8] 딱딱한 음식이라고 하면 마른 오징어가 가장 먼저 떠오를 텐데, 오징어는 치아가 20개 이상 남아 있을 때로 제한된다. 그 이하일 때는 완전히 씹어 삼키기 힘들다. 전병은 딱딱한 정도가 다양해서 자신에게 적당한 것을 고르기 좋다.

나이가 들면 아무래도 딱딱한 것보다 부드럽고 씹기 편한 반찬이 늘어난다. 그 전까지 즐겨 먹었던 우엉볶음이 가지볶음으로 대체되는 등 씹어 삼키기 편한 부드러운 반찬들로 하나씩 바뀌어 간다. 씹을 때 침이 분비된다는 사실을 기억하면서 부드러운 음식도 꼭꼭 씹는 습관을 들이자.

습관이 안 들면 무의식중에 적당히 삼켜 버리게 된다. 매 끼마다 꼭꼭 씹는 것도 사실 쉽지 않으니까. 그럴 때는 씹는 횟수를 세자. 씹는 횟수를 세면 평소 잘 씹지 않고 넘긴다는 사실을 알게 되고 '꼭꼭 씹어야 한다'고 상기하게 된다. 이 렇게 의식하는 것만으로도 씹는 횟수를 늘릴 수 있다.

입으로 호흡하면
입 냄새가 난다

호흡 방식도 입 마름에 영향을 준다. 당신은 지금 코로 숨을 쉬는가, 입으로 숨을 쉬는가? 입으로 숨쉴 때가 많으면 입 냄새가 심해진다.

코로 호흡하면 코를 통해서 입, 그리고 폐로 공기가 흘러 들어간다. 공기가 건조해도 일단 코를 통함으로써 습기가 생기므로 입은 그다지 건조해지지 않는다.

반면에 입으로 호흡하면 공기가 직접 입으로 들어간다. 그러면 입이 말라 들러붙고 입 냄새도 심해진다. 따라서 평소 코로 호흡하도록 해야 한다.

하지만 나 역시 의식하지 못하는 사이에 입으로 호흡할 때가 있다. 알레르기성 비염 탓인지 코가 막혀서 입으로 숨을 쉬게 된다.

그 외에도 흥분하거나 안절부절못하면 입으로 호흡하게 된다. 그런 때야말로 의식적으로 복식호흡을 하듯이 배가 불룩해지도록 코로 숨을 들이쉬고 입으로 내쉰다. 처음에는 익숙하지 않아서 불편하지만 익숙해지면 자연스럽게 할 수 있다.

옆으로 누워서 자거나 가습기를 사용하면 입 마름을 막을 수 있다

잠을 잘 때는 입으로 숨쉴 확률이 높다. 코를 고는 사람은 특히 그렇다. 나의 아버지는 코골이가 심했다. 어머니도 아버지의 코골이를 걱정했다.

코골이는 어쩔 수 없다고 생각했는데 어느 날 코골이 치료가 있다는 사실을 알게 되었다. 즉시 치료를 받으셨고 코골이도 사라졌다. 가장 기뻐한 사람은 어머니다.

아버지는 코를 골지 않자 입 냄새도 사라졌다. 게다가 숙면을 취할 수 있어서 낮잠도 거의 안 주무셨다.

나의 아버지는 워낙 코골이가 심했기 때문에 병원 치료를 받은 것이고, 입으로 호흡하지만 코골이가 심하지 않다면 옆으로 누워서 잘 것을 권한다. 천장을 보고 바로 누우면 목 주변에 지방이 많거나 턱이 작은 사람은 기도가 좁아진다. 그래서 어쩔 수 없이 공기를 통하게 하려고 입으로 숨을 쉰다.

가습기를 사용해 방의 습도를 유지하는 것도 좋은 방법이다. 나도 밤에 잘 때는 가습기를 켜 둔다.

호텔에 묵을 때는 젖은 수건을 걸어서 습도를 유지한다. 아침에 일어나면 수건이 바싹 말라 있는데 이건 그만큼 입 안도 건조해지기 쉽다는 사실을 의미한다.

입 냄새는 85%가 입에서 만들어지고 나머지 15%는 위장 등에서 발생한다.

위에서 활동하는 헬리코박터균도 입 냄새와 관련이 있다.[9] 헬리코박터균은 위궤양과 암을 유발하므로 헬리코박터균을 제거하면 입 냄새뿐만 아니라 암을 예방할 수 있다. 신경이 쓰이면 전문의와 상담해 보자.

- 💡 **침의 분비량이 줄어서 입 냄새가 난다.**
- 💡 **입 냄새가 난다는 사실을 알아채지 못한다.**

주위 사람이 하기 쉬운 실수

- 입 냄새가 나는데 지적하지 않고 참는다.

주위 사람이 취해야 할 바른 행동

- 치과 치료를 권한다.

자신이 이렇게 되지 않으려면

- 컵을 이용해 입 냄새를 확인한다.
- 사탕이나 껌을 활용한다.
- 칫솔질과 함께 치실을 사용해 치아를 깨끗이 관리한다.
- 틀니를 사용해도 치아와 입안을 깨끗이 한다.
- 물을 자주 마신다.
- 음식 씹는 횟수를 늘린다. 씹는 횟수를 세다 보면 횟수를 늘 릴 수 있다.

- 딱딱한 것을 먹는다. 딱딱한 정도가 다양한 전병이 적합하다.

자신이 이렇게 되었다면

- 침샘을 마사지한다.
- 코 호흡을 의식한다.
- 잠잘 때 입으로 숨을 쉬는 사람은 옆으로 누워서 잔다.
- 잠잘 때는 가습기를 켜거나 젖은 수건을 방에 걸어 둔다.
- 흥분했을 때는 코로 크게 숨을 들이쉬어 배에 공기를 넣은 다음 입으로 내쉰다.
- 헬리코박터균을 제거한다.

약속을 하고
새까맣게 잊는다.

집안에 제사가 있는 날이다. J는 주방에서 음식 준비를 하고 있었다. 작은아버지가 마트에 간다며 몸을 일으켰다.

마침 간장이 부족했던 터라 J는 "간장 좀 사다 주실래요?" 하고 말했다. 알겠다며 작은아버지가 문을 나섰다.

그런데 잠시 후 작은아버지가 손에 들고 온 비닐봉투 안에는 달랑 맥주와 마른 오징어뿐이었다. J가 "간장은요?" 하고 묻자 왜 간장을 나한테 찾느냐는 표정을 지었다.

또 한 번은 오랜만에 친척끼리 외식을 하기로 했을 때였다. 상의 끝에 1월 8일 저녁 6시에 모이기로 정했다. 그런데 당일, 모이기로 한 시간이 지나도 작은아버지가 나타나지 않았다. 장소를 못 찾아 헤매나 걱정이 되어 전화를 했더니 새까맣게 잊고 있었다.

잊어버린 것이 아니라
못 들었던 것뿐이다

얘기를 할 땐 잘 알아들은 것 같았는데 만나기로 한 약속을 지키지 않는다? 왜일까? 여럿이 얘기했거나 모두가 상의해서 결정한 약속을 지키지 않을 때가 특히 많다.

깜빡 잊어버린 경우도 있지만 못 들어서이기도 하다. 무조건 '나이가 들어 기억력이 약해졌다'고 단정하는 것은 좋지 않다.

예를 들어 고령의 환자에게 "내일부터 안약은 하루 4번 넣으세요. 수술 후니까 세수를 하거나 머리 감는 건 하지 마시고요" 하고 말하면 알겠다고 한다. 그리고 바로 이렇게 묻는다. "그런데 머리는 감아도 돼요?" 이것은 잊어버려서라기보다 나의 말이 들리지 않았기 때문이다.

똑같은 설명에도 반응은 다를 수 있다. 세수를 안 하겠다고 분명하게 대답해 놓고, 저녁에 병동에 가 보면 비누로 세수를 하고 있다. "세수하면 안 된다고 말씀 드렸잖아요" 하면 "어, 세수하면 안 돼요?" 하고 되묻는다. 이것은 앞의 예와 달리 기억을 못 하는 경우다.

전자라면 '노인은 쉽게 잊어버리니까' 하고 가볍게 흘려 넘겨선 안 된다.

귀가 잘 들리면 기억력도 좋아진다. 귀가 잘 들리면 내용이 머리에 잘 들어오기 때문에 귀가 안 들릴 때보다 기억력이 8% 높아진다.[1]

갑자기 입에 음식을 쑤셔 넣었다고
화를 낸다

티브이가 켜 있거나 배경음악이 흐르는 등 잡음이 있는 상황에서 노인은 말을 알아듣기 어렵다. 잡음 상황에서는 고령자가 젊은 사람보다 상대의 말을 알아듣는 데 어려움을 느낀다.[2] 요양시설에서는 고령자가 "요양사가 갑자기 입에 밥을 쑤셔 넣었다"고 화를 내는 경우가 생긴다. 요양사가 "식사 도와 드릴게요"라고 말은 했지만, 고령자가 주변 소음 때문에 그 소리를 듣지 못했다는 사실을 미처 인식하지 못한 것이다.

요양사는 다른 고령자의 행동을 지켜보는 동시에 또 다른 고령자가 말을 걸면 대꾸를 하는 등 한 번에 여러 작업을 하게 된다. 식사를 도와줘야 하는 고령자의 얼굴을 쳐다보지 못한 채로 말을 건넬 때가 많다. 그래서 식사 중인 노인은 요양사가 자기에게 하는 말이라고 생각하지 못한다.

이쪽은 설명을 했다고 생각하지만 고령자에게 제대로 전해지지 않은 것이다. 그래서 '갑자기 입에 음식을 쑤셔 넣었다' '억지로 옷을 벗겼다'고 착각하게 된다.

여럿이 대화할 때도
알아듣기 어렵다

고령자는 여럿이 하는 대화에서 특히 잘 못 알아듣는다.[3] 여럿이 있으면 지금 누가, 누구에게 말하는 건지 목소리의 방향을 알기 어렵다.[4]

그래서 친구끼리 모였을 때 누군가 "몸은 괜찮니? 나는 요즘 무릎이 아파" 하고 말해도 나한테 말하는 건지, 말한 사람이 A인지 B인지 몰라 대꾸를 안 하기도 한다. 악의가 있어서가 아니다. 애초에 자기한테 한 말이 아니라고 생각한다.

나는 수술이 끝나면 "수술 끝났습니다" 하고 말한다. 예전에는 이 말을 환자 뒤쪽에서 했다. 고령자는 눈앞에 있는 간호사며 수술 조수에게 한 말이려니 하고 무표정하게 있다.

이제는 앞쪽으로 가거나 어깨를 가볍게 건드리며 말한다. 그러면 '내게 말하는 거구나' 알고 환하게 웃으며 대답한다. "고맙습니다. 선생님이 말해 주니 안심이에요."

내 목소리의 톤과 크기는 변함이 없다. '자신에게 말하고 있다'는 것을 알면 말을 더 잘 인식할 수 있다.

고령자에게 말을 걸 때는 가능한 한 주위의 잡음을 줄이고 내가 당신한테 말하고 있다는 사실을 확인시키는 게 중요하다. 어투나 내용을 조절하는 건 그다음이다.

외래어나 줄임말은 사용하지 말고
문장은 짧게

그럼 말하는 방법과 내용은 어때야 할까?

우선, 간단하게 말한다. 또, 외래어나 줄임말, 전문용어 대신 쉬운 말을 쓴다.

예를 들어 '폰'이라고 하면 알아듣지 못한다. '휴대전화' 나 '핸드폰'이라고 하면 알아듣는다. 젊은 사람들은 줄임말 이나 외래어를 자주 사용하는 경향이 있다. 외래어라는 의 식조차 하지 않고 사용한다. '긍정적'이라 하지 않고 '포지 티브'라 말하고 '겉옷'이라 하지 않고 '재킷'이라고 한다. 티브이나 인터넷에선 의미를 알 수 없는 말이 많이 나온다.

반면에 신문은 외래어를 가능한 한 배제한다. 고령자는 신문에 익숙하기 때문에 외래어가 쉽게 와 닿지 않는다. 신 문을 한번 펴 보자. '모티베이션' '컨센서스' 등의 단어가 고령자에게는 통하지 않는다는 말이 이해될 것이다.

업계 용어는 나이에 상관없이 통하지 않으므로 삼가자. 의사는 무의식중에 전문용어를 사용하는데, 나도 '오퍼레이션' 대신 '수술'이라는 말을 쓰려고 신경 쓴다.

문장을 짧게 하면 잘 전달된다. "내일은 메밀국수를 먹으러 갈 거니까 신주쿠역 서쪽 출구에서 10시에 모여 먹으러 가자"는 문장은 너무 길다. 고령자는 '메밀국수를 먹으러 간다'는 것은 기억해도 '시간'과 '약속 장소'는 완전히 잊어버릴 가능성이 있다.

문장을 나눠 설명해야 한다. "내일은 메밀국수를 먹으러 갈 거예요. 신주쿠역 서쪽 출구에서 만날까요? 10시면 될까요?" 이렇게 나눠 말하면 고령자가 알아듣기 쉽다.

또, 장소나 시간 같은 중요한 사항은 그때그때 답을 들은 후 넘어가면 더욱 기억하기 쉽다. 다음과 같이 해 보자.

나 : 내일은 메밀국수 먹으러 가요. 신주쿠역 서쪽 출구에서
　　만날까요? 어디가 좋아요?

고령자 : 서쪽 출구, 좋아.

나 : 시간은 10시면 될까요? 아니면 11시?

고령자 : 10시가 좋아.

필담과 사투리를
적절히 사용한다

'글로 써서 전달'하는 방법도 효과적이다. 나는 고령의 환자에게 "안약 몇 번 넣으라고 했죠?" 하고 사용횟수를 확인할 때 '눈물약 양쪽 눈에 하루 4번'이라고 종이에 써서 준다.

평소 고령자를 상대할 기회가 없으면, 글로 쓰면 잘 전달된다는 사실이 쉽게 떠오르지 않는다. 그래서 큰 소리로 여러 번 말하게 된다. 대개는 5%밖에 필담을 떠올리지 못한다는 연구결과도 있다.[5]

평소 쓰는 말과 억양이 다르면 그것만으로도 알아듣기 어렵다.[6]

보통은 사투리를 쓰는 사람의 말은 알아듣기 어렵다고 느끼는데, 그 반대도 마찬가지다. 자기가 익숙한 지역의 억양으로 말하지 않으면 사람들은 잘 알아듣지 못한다. 관동

지역에서 자란 내가 관서지역에 있는 병원에서 근무했을 때다. 내가 고령의 환자에게 말을 하면 환자가 알아듣지 못해서 그 지역 출신의 간호사가 통역을 해 주었다.

라디오와 티브이로 지역방송 프로그램을 보며 사투리를 어느 정도 익힌 후에는 환자와의 소통이 훨씬 쉬워졌다. 물론 현지인의 억양이 아니라 어색하지만, 그래도 전달력은 높아졌다.

사투리까지 습득하려면 어려움이 있겠지만, 꼭 소통하고 싶다거나 소통해야 할 상대가 있으면 라디오나 티브이 등을 이용해 사투리를 익혀 볼 것을 권한다.

고령자는 때로
알아들은 척한다

못 알아들었으면 먼저 되물을 거라 생각하지만 고령자는 알아들은 척하고 다시 묻지 않는다. 특히 여럿이 대화할 때는 대화의 흐름을 끊고 싶지 않아 더 그런다.

"내일은 시부야에서 만나자." "그래, 좋아. 뭘 입고 갈까?" "오랜만이다, 지금도 그 가게 여전할까?" 모두 한마디씩 하는데 "못 들었어, 어디 간다고?"라고 말하긴 쉽지 않다.

잡음이 있을 때는 특히 여러 번 되묻게 된다. "그런데 요전 하코네 갔을 때 말이야." "뭐라고?" "아니, 하코네에 갔었잖아." "뭐? 어디?" "아휴, 됐어, 중요한 얘기 아니야." 어색하게 대화가 끝나 버린다. 고령자는 이런 경험들이 있어서 여럿이 모였을 때나 잡음이 있을 때는 잘 들리지 않아도 알아들은 척하고 만다.

반드시
이름을 언급하며 말한다

주위를 둘러보면서 대화를 하면 듣기가 조금 수월할 수 있다. 고개가 움직여지면서 귀의 위치도 변하기 때문이다.

귀에 손을 대고 들으면 더 효과를 볼 수 있다.

말할 때는 상대의 이름을 언급하는 것이 좋다. 여럿이 말할 때 "요즘 몸은 어때?"보다 "○○○, 요즘 몸은 어때?"라고 이름을 언급하면 다른 사람들도 차츰 그렇게 말하게 된다.

잘 들리지 않아 통화가 원활하지 않으면 팩스나 휴대전화의 문자를 사용하면 된다. 팩스는 전달 내용이 고스란히 남아서 좋고, 글자를 크게 쓸 수도 있다. 문자는 휴대전화로 쉽게 주고받을 수 있어 좋다.

왁자지껄 시끄럽게 떠드는
프로그램을 보자

악기 연습은 듣기 문제를 줄이는 효과적인 방법이다.[7] 악기 연습을 하면 대화 중에 상대의 말을 더 잘 알아들을 수 있게 된다. 음악을 듣기만 하는 것보다 연주를 하는 것이 효과적이다.

말을 전달할 때는 '잡음이 없는 환경'이 좋다고 했는데, 듣기 연습에서는 사람들이 많이 나와 시끄럽게 떠드는 프로그램을 보는 게 더 좋다.

양질의 오일인 '오메가3 지방산'도 귀에 좋다.[8] 등푸른생선, 호두, 아마인유는 오메가3 지방산이 함유된 대표적 식품이다. 이 중 등푸른생선은 평소 쉽게 먹을 수 있는 음식이다.

단순한 생선이 아니라 '등푸른생선'이어야 한다. 정어리,

고등어, 꽁치에는 오메가3 지방산이 많이 들어 있지만 복, 대구, 가자미 같은 흰살생선에는 거의 들어 있지 않다. 일본식품표준성분표(2015년도)에 의하면 생선 100g을 기준으로 오메가3 지방산이 복은 0.08g, 가자미는 0.24g 포함되어 있는 반면, 청어는 2.13, 고등어는 2.66, 참치(뱃살)는 5.81, 꽁치는 6.92를 함유하고 있다.

💡 잊어버린 게 아니라 처음부터 알아듣지 못한 경우
도 많다.

💡 잡음 속에선 잘 들리지 않는다.

💡 여럿이 하는 대화도 잘 알아듣지 못한다.

주위 사람이 하기 쉬운 실수

- 큰 소리로 여러 번 말한다.

- 말했으니까 전달됐다고 생각한다.

주위 사람이 취해야 할 바른 행동

- 상대를 정면으로 보고 말한다.

- 본인에게 말한다는 사실을 의식할 수 있게 어깨를 가볍게 건
드린 후 말한다.

- 시끄러운 장소는 피한다.

- 질문한 다음에는 답을 확인한다.

- 외래어, 줄임말, 전문용어를 피한다.

- 고령자에게 전달되기 쉬운 말을 알기 위해 신문을 읽는다.

- 문장은 짧게 한다.

- 고령자가 쓰는 지역의 말을 알아 둔다.

자신이 이렇게 되지 않으려면

- 여러 사람이 빠르게 말하는 시끄러운 프로그램을 본다.
- 오메가3 지방산이 많이 들어 있는 등푸른생선, 호두 등을 먹는다.
- 악기 연습을 한다.

자신이 이렇게 되었다면

- 귀에 손을 대고 듣는다.
- 상대의 이름을 언급하면서 말한다.
- 주위를 보면서 말한다.
- 팩스나 문자 메시지를 사용한다.

놀랄 만큼
어이없는 곳에서
넘어진다.

K의 친정은 3층짜리 단독주택이다. 1층은 주차장과 창고,
2층은 거실, 주방, 화장실, 3층은 침실이다. K는 친정에 가
면 거실에 이불을 깔고 잔다.

K : 이제 엄마도 아빠도 나이가 있어서 계단 오르내리기 힘
들잖아요. 앞으로 어떻게 할 거예요?

엄마 : 괜찮아. 아직 다리랑 허리랑 튼튼한데, 뭘.

K : 그런가? 차차 생각해 봐요. 오늘은 그만 자야겠다, 안녕
히 주무세요.

부모님은 3층으로 올라갔고, K는 거실 불을 껐다. 자리
에 누워 스마트폰을 보다 보니 시간이 꽤 흘렀다. 슬슬 자

려고 하는데 갑자기 "쿵!" 소리가 났다. 놀라서 벌떡 일어
나 소리가 난 계단 쪽으로 가 보니 엄마가 웅크린 채 쓰러
져 있었다.

K : 엄마, 괜찮아요?
엄마 : 괜찮아. 넘어진 것뿐이야.
K : 내가 뭐랬어. 손 잡아요.

엄마를 일으키려고 손을 끌었고 엄마도 다리에 힘을 주
었다. 그런데 "아얏, 잠깐" 하더니 엄마는 다시 몸을 웅크
렸다. 얼굴이 하얗게 질려 갔다. K는 허둥지둥 구급차를 불
렀다.

노인은 대부분
집 안에서 사고를 당한다

고령자가 사고를 당하는 가장 흔한 장소는 집이다. 고령자 사고 가운데 77.1%가 집 안에서 일어난다.[1] 65세 이상은 큰 사고로 이어질 확률이 젊은 사람보다 2배나 높다. 근육과 뼈가 약하기 때문이다.

집에서 일어나는 사고 가운데 굴러 떨어짐(30.4%)과 넘어짐(22.1%)이 가장 많았다. 절반 이상이 넘어짐과 관련이 있다. 특히 계단에서 넘어지면 위험하다. 골절 부상의 가장 큰 요인이기 때문이다.[2]

다리 골절상이면 목발을 짚고 생활하는 모습을 떠올리는데, 고령자의 골절은 젊은 사람과 달리 심각하다. 요양 등급을 받은 이 중 상태가 심각하여 보살핌을 받아야 하는 사람들을 보면 치매, 뇌졸중 다음으로 많은 것이 골절일 정

도다.[3]

젊은 사람은 다리의 긴뼈 골절이 많은데 고령자는 대퇴골 경부골절이라고 해서 사타구니에 가까운 뼈의 골절이 많다. 대퇴골 경부골절은 목발에 의지해 걷는 것도 어려워서 인공관절 수술이 필요하다. 움직이지 못하고 누워 지내야 하는 기간이 긴 대표적인 골절 부상인 것이다.

고령자가 집 안에서 넘어지면 와상 상태(침대에 누워 있거나 거동을 거의 못 하는 상태)로 이어질 수 있어 위험하다. 넘어지지 않도록 예방하는 것이 최선이다.

한 발 서기를 해 보면
균형 감각을 알 수 있다

고령자는 왜 계단에서 잘 넘어질까? 중심(균형)과 눈의 영향이 크다.

나이가 들면 중심이 불안정해진다. 20·30대와 비교하면 60대는 20%, 70대는 41%의 비율로 균형 감각이 떨어진다. 80대 이후는 80%가 넘는다.[4]

게다가 고령자는 젊은 사람과 달리 몸이 앞으로 조금만 기울어져도 중심이 불안정해진다. 계단을 오르내릴 때는 몸이 앞으로 기울어지는 경향이 있어서 중심이 무너져 쉽게 넘어진다. 몸을 뒤로 젖히면 괜찮을까? 그렇지 않다. 몸을 뒤로 젖히면 미끄러지기 쉽다. 앞으로 기울이는 것도, 뒤로 젖히는 것도 위험하다. 나이가 든 다음에는 쉽지 않긴 하지만 계단에서든 어디서든 중심을 잡고 걷는 습관을 들여야 한다.

중심을 얼마나 유지할 수 있는지부터 확인해 보자. 방법은 간단하다. 눈을 뜬 상태에서 한 발로 몇 초 동안 서 있을 수 있는지 확인한다. 15초 이상 버틸 수 있으면 괜찮은데, 15초 미만이라면 중심이 불안정해서 넘어지기 쉬운 상태다.[5]

참고로, 이 확인 방법은 그 자체가 운동이 된다. 한 발로 서기를 몇 초 동안 할 수 있는지 매일 반복해 확인하다 보면 균형 감각이 향상된다. 단, 무리하다 넘어질 수 있으므로 사고를 당하지 않도록 주의해서 한다.

중심은 정말로 중요하지만 늘 그 생각을 갖고 조심하긴 어렵다. 무거운 물건을 들 수 없을 때 사람들은 조금씩 짐을 가볍게 한다. 걷는 게 힘들면 차츰 보행 거리를 줄인다. 그러나 중심 잡기가 불안정하다고 해서 계단 등 균형 잡기가 어려운 장소에 가지 않을 수는 없다. 넘어져서 누워 지내게 되는 경우가 생길 수 있다.

눈은 고령자의 넘어짐에 크게 영향을 미친다. 나이가 들면 눈이 잘 보이지 않아서 계단을 헛디디게 된다.

눈을 감고 한 발 서기를 해 보자(이 방법은 넘어지기 쉬우므로 절대 무리해선 안 된다). 10초도 견디지 못하는 사람이 많을 것이다. 그만큼 인간은 눈을 사용해 자신의 위치를 확인하면서 중심을 안정시킨다.

다초점렌즈 안경이
넘어짐 사고를 부른다

눈과 관련해 고령자의 넘어짐 사고에 영향을 미치는 주된 요소는 '원근감' '안경' '빛'이다.

나이가 들수록 원근감이 떨어진다. 가깝다, 멀다의 판단을 하기 어려워진다. 계단을 헛디디기 쉬운 이유다.

다음은 안경이다. 사물을 잘 보게 해 주는 것이 안경인데, 오히려 사고를 부른다니 의아할 것이다. 고령자는 원근 겸용 안경을 끼는 경우가 많은데, 이런 다초점렌즈가 넘어짐 사고의 원인이 된다. 원근 겸용 안경은 렌즈 아래쪽을 보면 가까운 게 잘 보이고, 위를 보면 먼 곳이 잘 보이도록 설계되어 있다.

그런데 이런 설계가 계단을 내려갈 때 문제가 된다. 고령자는 넘어지지 않으려고 아래를 보며 걷는데, 이때 돋보기

역할을 하는 렌즈의 아래쪽을 통해 가까운 곳에 초점이 맞춰지면 그다음 발을 디뎌야 하는 계단이 부옇게 보여 헛디디기 쉽다. 내려갈 때는 턱을 당겨 아래를 보는 습관을 들여야 한다.

또한 고령자는 어두운 곳에서는 사물을 잘 볼 수 없다. 20대의 경우 동공의 면적이 $15.9mm^2$인데 70대가 되면 $6.1mm^2$로 절반이 된다.[6] 그래서 젊을 때보다 2배로 밝지 않으면 보이지 않는다. 계단은 어둡고 그림자가 지는 곳이라서 넘어지기 쉽다.

최근에는 간접 조명이 유행이어서 일부만 불을 켜고 전체적으로 어둡게 하는 곳이 늘고 있다. 그러나 넘어짐 사고를 예방하려면 전구를 밝은 것으로 바꾸거나 추가하는 게 좋다. 밤중에 화장실을 자주 가면 불을 켜 두도록 하자. 전기세 아끼려다 골절상을 당하는 것보다 낫다.

안전 난간을 설치하는 것도 추천한다. 난간, 계단, 벽 전체에 설치하되 매끈한 소재보다는 마찰력이 있는 거친 소재가 미끄러지지 않아서 좋다. 미끄럼방지 테이프는 계단이 갈색이면 흰색을 붙여서 색에 차이를 둔다. 미끄럼방지 테이프를 의지해 계단을 오르내리도록 하자.[7]

칼슘 섭취만으로는
뼈가 튼튼해지지 않는다

고령자는 뼈가 약해서 넘어지면 골절을 입기 쉽다. 나이가 들면 뼛속이 비어서 골밀도가 감소한다.

골밀도 저하를 예방하려면 칼슘을 1일 650~700mg 섭취해야 한다.[8] 칼슘을 보충하라고 하면 건강보조제를 먼저 떠올리는데, 건강보조제는 심근경색의 우려가 있다. 칼슘 보조제를 복용하면 혈액 중의 칼슘 농도가 급격히 상승하기 때문에 몸에 부담을 준다. 음식을 통해 칼슘을 섭취하자. 꼭 보조제를 먹어야겠다면 1회에 500mg 이상을 넘기지 않도록 해야 한다.

뼈를 튼튼하게 해야 한다고 말하면 칼슘에만 주목하는데 뼈를 형성하기 위해서는 비타민D, 비타민K가 반드시 필요하다. 비타민D는 5.5μg, 비타민K는 150μg을 섭취해야 한다.[9] 비타민D와 K는 약으로 처방될 정도로 중요하다.

비타민D는 장에서 칼슘을 흡수하는 데 필요하며 연어에 많이 함유되어 있다. 비타민K는 뼈를 만들기 위한 단백질의 하나인 오스테오칼신을 형성하는 데 필요하다. 시금치에 많이 들어 있다.

뼈를 생각한다면 인이 많이 함유된 식품은 피해야 한다. 청량음료나 가공식품이 대표적이므로 가능한 한 먹지 않는다.

노화의 정체 11

- 🔑 사고의 약 80%가 집 안에서 일어난다.
- 🔑 뼈가 약해서 넘어지면 골절될 가능성이 크다.
- 🔑 원근감이 떨어진다.
- 🔑 어두운 장소에서는 사물이 잘 보이지 않는다.
- 🔑 다초점렌즈 안경 때문에 넘어지기 쉽다.

주위 사람이 하기 쉬운 실수

- 오래 살아서 익숙할 텐데 집 안에서 왜 넘어질까 어이없어 한다.

주위 사람이 취해야 할 바른 행동

- 넘어지면 큰 사고로 이어진다는 사실을 명심한다.

자신이 이렇게 되지 않으려면

- 한 발 서기를 해 본다. 15초 이상 버티지 못하면 균형 감각이 떨어졌다고 여기고 주의한다.
- 무리하지 않는 범위에서 한 발 서기 운동을 한다.
- 눈을 감고 한 발 서기를 해서 눈이 균형 감각을 담당한다는

사실을 실감해 본다.

- 비타민D와 비타민K도 섭취한다.
- 인이 들어 있는 음식은 피한다.

자신이 이렇게 되었다면

- 조명을 밝게 한다.
- 야간에 불을 켜 두는 방법도 고려한다.
- 다초점렌즈 안경을 썼다면 계단을 내려갈 때 턱을 당긴 채로 아래를 본다.
- 난간을 설치한다.

노인이 자주 하는
난처한 행동 12

돈이 없다면서
낭비가 심하다.

L은 친정집에 갔다가 거실에 커다란 오리털 이불이 놓여 있는 것을 보았다.

> L : 이게 어디서 났어?
> 엄마 : 샀지.
> L : 이걸 누가 쓴다고 샀어요? 얼마 줬는데?
> 엄마 : 뭘 그렇게 물어?

테이블 위에 영수증이 있었다. 49만 7천8백 원?? 설마 이게 오리털 이불? 연금을 받아 생활하는 엄마가 살 수 있는 금액이 아니다.

티브이도 새것으로 바뀌었다.

L : 티브이도 샀어요?

엄마 : 응. 보기 편하지? 98만 원 주고 샀어. 가격, 나쁘지 않

지?

인터넷에서 찾아보니 60만 원에 판다….

L : 인터넷에서는 60만 원이면 사요. 비싸게 샀네, 저거.

엄마 : 내가 샀으니까 됐어!

고르는 즐거움보다
익숙한 것에서 얻는 안심을 선호한다

정수기를 설치하고 집수리를 결정하는 등, 고령자는 어느 날 갑자기 큰돈 드는 일을 거침없이 감행하곤 한다.

가전제품도 온라인으로 저렴하게 살 수 있는데, 똑같은 물건을 수십만 원이나 비싸게 산다. 주변 사람들은 '왜 손해 보는 일을 할까?' 그저 의아해할 뿐이다.

고령자는 왜 값비싼 물건을 구입하는 걸까.

젊은 사람은 저렴하게 구입하는 물건을 비싼 값에 사는 고령자를 보면 '정보 약자'나 '사고력 저하' 같은 단어를 떠올리기 쉽다.

그러나 이것은 단편적인 견해다. 본질적으로는 판단, 기억, 이동 등 모든 것과 관계가 있다. 결론을 말하면, 쇼핑 방법이 젊을 때와 다르다.

먼저 '판단'에 관해 살펴보자.

나이가 들면 지금까지의 경험과 감정에 의해 판단하기 쉽다.[1]

물건은 단순히 가격만 보고 사는 게 아니다. 성능도 비교해야 한다. 청소기 한 대를 구입해도 가격, 에너지 소비 효율 등급, 소리, 흡입력, 크기, 제조사 등 검토할 요소가 한둘이 아니다. 그런데 고령자는 시력이 약해서 글자 크기가 12포인트 이상이 아니면 보기 힘들다. 제조사의 팸플릿은 어떤가. 글자가 작아서 읽기 어렵고 당연히 판단을 힘들게 한다.

선택지가 많아도 고르기가 어렵다.[2] 후보가 3개 정도면 괜찮은데 24개나 되면 곤란하다.

경험을 토대로 구입하면 적어도 큰 실패는 하지 않으니까 고령자는 지금껏 애용했던 물건, 혹은 그와 유사한 상품을 구입하는 경향을 보인다. 또, 후보군이 많지 않고 조금이라도 필요하다고 느끼면 사 버린다. 이것이 결과적으로 값이 비싼데 구입하는 행위로 이어진다.

고령자가 같은 물건을 비싸게 사는 걸 이해하지 못하겠다고들 하지만, 당신도 저렴한 상품만 구매하진 않을 것이다. 샴푸를 예로 들자면, 요즘은 유통업체가 자체 브랜드를 만들어 똑같은 샴푸를 저렴하게 팔기도 한다. 평소에는 가지 않는 매장이나 인터넷 숍에서 더 저렴하게 팔 수도 있다. 하지만 판매처를 모조리 비교해 값싼 곳을 찾는다 해도 그 차이가 소소하다면 평소 사용하는 샴푸를 사던 데서 구매하는 편이 낫다. 똑같은 샴푸라고 생각해 구입했는데 냄새가 달라 불쾌하고 머리카락이 푸석푸석해졌다면 오히려 손해다.

마트 입구 매대에서
각티슈를 세일하는 이유

'기억'은 어떨까. 나이가 들면 기억력이 저하한다. 특히 숫자와 최근 기억이 쉽게 떠오르지 않는다. 그중에서도 매일 접하지 않는 상품, 그러니까 간장처럼 가끔 구입하는 상품의 가격을 잘 기억하지 못한다. 그래서 비싼데도 아무렇지 않게 구입한다.

반면에 본인이 항상 신경 쓰는 상품이 있으면 전단지를 비교해서 저렴할 때 구입한다. '각티슈가 5개에 1,980원은 비싸다. 세일 때는 1,680원이니까 기다리자.' 이런 식이다. 나이가 들어도 평소 신경 쓰는 상품은 정확히 기억한다.

그래서 마트에서는 각티슈, 화장지처럼 사람들이 가격을 잘 기억하는 상품을 대폭 할인해 입구 매대에 쌓아 두고 손님을 끈다. 반면에 거의가 가격을 기억하지 못하는 생선

회를 조금 비싸게 팔아서 이익을 남긴다.

마지막으로 살펴볼 것은 '이동'이다. 이동이 어려워지는 것도 고령자의 쇼핑에 영향을 미친다.

고령자는 다리가 아프고 숨이 차서 긴 거리를 이동할 수 없고, 요실금이 신경 쓰여 멀리 나가고 싶지 않다. 또, 운전면허를 반납해 택시가 아니면 쇼핑을 갈 수 없는 사람도 있다. 이런 이유로 고령자는 쇼핑 횟수가 줄어든다.[3]

고령자는 쉽게 지치기 때문에 쇼핑 시간도 제한적이다. 물건을 사면서 수시로 보행보조차에 앉아서 쉰다. 쇼핑에 애를 먹는 것이다. 제한된 시간, 제한된 횟수 내에서 물건을 사려면 물건 값보다 체력 소모가 적은 것, 안심할 수 있는 것에 중점을 둘 수밖에 없다. 또, 젊은이들이 새롭고 값싼 물건을 선호하는 반면 고령자는 브랜드나 품질을 중시한다.

청소기를 구입할 때 일단 집에 돌아가 인터넷 가격비교 사이트에서 꼼꼼히 확인한 다음 사게 되지 않는다. 상품에 '최저가 보증상품'이라는 표가 붙어 있으면 실제로는 최저가가 아닌데도 안심한다. 고액 상품이어도 매장 직원을 믿고 상품을 선택하는 특성이 있다.[4]

직원에게 속을 수도 있다는 생각은 거의 하지 않는다. 직원을 신뢰해 상품을 선택한다.

인간은 살아온 세월이 길수록
타인을 쉽게 믿는다

고령자가 젊은 사람보다 돈을 많이 쓰는 것은 아니다. 일본은 50대를 정점으로 60대, 70대… 연령이 높아질수록 매달 사용하는 돈의 사용량이 감소한다.[5]

혼자 사는 남성을 보면 40대 미만은 월 지출이 160만 원인데, 70대 이상은 147만 원으로 감소한다. 여성의 경우도 40세 미만은 170만 원인데, 70세 이상은 154만 원으로 떨어진다.

우선 휴대전화 등의 통신비가 줄어든다. 집을 소유한 사람도 많아서 주거비는 70세 이상이 오히려 적다. 그만큼 친구들과의 교제나 물건을 구입하는 비용이 늘어난다. 줄어든 월세, 통신비가 가전제품 구입 및 여행 등 다른 지출로 옮겨 가게 된다.

값비싼 상품을 사는 것보다 더 안타까운 일은 사기를 당하는 것이다. 전화금융 사기가 대표적이다. 초기에는 지인의 이름을 언급하며 돈을 갈취하거나 "나야 나" 하고 얼버무리면서 사기를 쳤는데, 최근에는 거짓 정보로 주식 매입을 권유하거나 비싼 값에 주식을 구입하게 하는 등, 방식이 차츰 진화하고 있다. 고령자는 정보를 직접 알아보고 확인하기보다 사람 말을 듣는 경향이 있다. 좋게 말하면 사람을 믿는 것이지만, 나쁘게 말하면 속기 쉬워서 표적이 된다.

사기 당하는 액수도 크다. 젊은 사람은 평균 1,310만 원인데 고령자는 평균 3,960만 원이다.[6] 평균이므로 그보다 피해액이 큰 경우도 많다.

고령자는 왜 쉽게 속을까? 첫째는 젊은 사람에 비해 장래 일어날 나쁜 일은 생각하지 않고 사물의 좋은 면을 보는 '긍정적 편향'과 관계가 있다. '청소기를 샀는데, 혹시 고장 나면 고쳐 줄까?' '나중에 더 좋은 걸 발견하고 후회할지 모른다.' 이런 생각은 좀체 하지 못한다.

긍정적 편향은 남은 인생의 길이를 생각하면 자연스러운 현상이다. 만일 당신이 1년밖에 살 수 없다면 청소기를 구입할 때 더 좋은 상품이 있는지 시간을 들여서 일일이 확인하고 선택할까? '조금 비쌀지 모르지만 이걸로 하자' 하지 않을까? 나라면 청소기 구입하는 데 망설이는 시간이 아까워서 서둘러 결정하고 좋아하는 책을 읽거나 친구를 만나는 데 시간을 쓸 것이다.

사기꾼 입장에서 보면 고령자는 이용해 먹기 좋은 봉이다. 고령자 자신보다 사기꾼이 더 고령자를 잘 안다. 어떻게 해야 고령자가 자기 이야기를 들어 줄지, 눈은 어떻게 잘 안 보이는지도 숙지하고 있다. 사기꾼은 자신에게 유리한 내용을 말할 때는 듣기 편한 목소리와 잘 보이는 글자를 사용하고, 불리할 때는 듣고 보기 어려운 목소리와 글자를 사용한다.

또, 고령자를 상대하는 방법도 연구해서 가족이나 매장 직원보다 '좋은 사람'처럼 보이는 데 신경 쓴다.

실제로 고령자에게 질 나쁜 고액 상품을 강매하려는 사람을 본 적이 있다. 부드러운 태도, 듣기 편한 목소리 톤, 보기 쉽게 정리된 팸플릿. 모든 게 완벽했다.

강매한 후 사라지는
악덕업자도 있다

고령자가 가장 많이 사기 당하는 품목은 건강 관련 상품
이다.

고령자의 공통 고민인 건강문제로 낚이는 것이다. 실제
로 환자와 이런 대화를 나눈 기억이 있다.

환자 : 발을 전기로 자극하면 온몸이 좋아진대서 1,200만 원
    짜리 기계를 샀어요.

나 : 꽤 비싸네요. 효과는 보셨어요?

환자 : 내가 당뇨에 녹내장도 있잖아요. 효과를 좀 볼까 싶어
    서 샀는데 아무 소용이 없었어요.

진찰을 시작하려는데, 그 환자분이 물었다.

"어떻게 된 거냐고 한마디 하러 갔어요. 그랬더니 그건 구형이라 효과가 없다면서 신형은 3,150만 원 달래요. 그건 잘 듣는다는데 어떻게 생각하세요?"

나는 사지 말고 치료를 받으라고 말씀 드렸다. 혈당치를 내리는 것이 중요하고 안약도 항상 깜빡하니까 잘 넣으시라고.

안경점에 가는 것이 익숙하지 않은 고령자를 노리는 방문판매 업자도 있다. 차로 이동하며 고령자에게 안경을 강매한다. 원래 안경을 끼지 않았던 고령자는 "잘 보인다!"고 기뻐한다.

하지만 안경의 도수가 전혀 맞지 않는다. 도수가 너무 높아서 오래 착용할 수 없고, 먼 곳밖에 보이지 않아서 평소에 사용할 수 없다. 그 안경을 쓰고 나서 두통이 심해졌다는 사람도 있었다. 그런데도 가격은 일반 안경점에서 구입하는 것보다 몇 배는 비싸서 100만 원을 훌쩍 넘는 경우도 있다.

불만을 말하고 환불을 받고 싶어도 연락이 되지 않는다.

고령자가 가장 많이 사기 당하는 품목이 건강 용품이라면, 고령자가 가장 많이 당하는 서비스는 주택 개보수 공사와 관련이 있다.

자기 집을 소유하고 있는 고령자가 대상이다. 악덕업자는 건축 연수가 오래된 것을 구실로, 흰개미가 있으니까 소독을 하는 것이 좋다, 이대로 두면 집이 무너진다고 협박한다.

이런 경우도 있다. 한 고령자가 여닫이문의 상태가 나쁘다고 해서 문을 새것으로 바꿨다. 그런데 오히려 더 열고 닫기 어렵게 되었다. 그러자 업자는 열어 놓고 지내는 편이 더 좋다며 공사비로 370만 원이나 청구했다고 한다.

고령자도
성인 사이트를 자주 본다

사기를 당한 고령의 환자는 의사인 나한테는 말해도 가족에게는 말하지 않는다.

가족에게 말하기 어렵기 때문이다. 큰돈을 편취당한 사실을 알면 화내지 않을까, 걱정을 끼치는 게 아닐까 조심스러워서 입을 다문다. 가까이에 고령자가 있다면, 사기 당하지 않게 조심하라는 당부와 함께 무슨 일이 생기면 화내지 않을 테니 사실을 말해 달라고 얘기해 두어야 한다.

신흥 인터넷 사기도 가족에게 말하기 어려운 대표적인 사기다.

'인터넷 사기 1위' 하면 뭐가 떠오르는가? 바로 성인 사이트 사기다.

고령자는 성에 흥미가 없다고 생각하기 쉬운데 그렇지

않다. 참고로, 일본의 소비자센터가 악덕상법의 피해를 막기 위해 설치한 전화상담 창구에 접수된 고령자 상담에서는 1위가 성인 사이트, 2위가 컴퓨터 수리, 3위가 의료 서비스였다.[7]

'사이트를 보았으니 900원을 내라'고 화면에 표시되면 고령자는 가족에게 들키는 것보다 낫다고 생각하고 지불해 버린다.

이성을 만날 수 있다고 해서 만남 주선 사이트에 돈을 쓰는 경우도 있다. 이런 피해는 남성이 많은데, 여성도 크게 다르지 않다. 그러나 가족과 상의할 수는 없어서 조용히 끝내려고 돈을 지불한다.

실제로 있었던 사기꾼의 행동이 〈노인 잡아먹기 - 고령자를 노리는 사기의 정체老人喰い〉라는 책에 자세히 나와 있다. 사기꾼들은 한곳에 모여 연수를 받으면서 대화법 등을 배운다. 고령자 대상의 비즈니스 잡지를 읽고 심리와 동향도 공부한다. 고령자를 상대로 건전한 비즈니스를 하는 기업들이 배우고 싶을 만큼 열심히 공부해서 행동으로 옮긴다.

누구든 쉽게 속일 만큼 전문적인 집단인 경우 치매가 아니어도 쉽게 설득당한다. 고령자가 사기를 쉽게 당하는 것은 치매 때문만이 아니다.

사기를 당했을 때는 소비자센터에 상담하는 방법이 있다. (우리나라는 한국소비자원에서 운영하는 소비자상담센터가 있다. 국번 없이 1372를 누르면 된다).

사기를 당하지 않으려면 사전에 주의하는 것도 중요하다. 나는 그렇게 간단히 넘어가지 않는다고 호언장담하지 말고 예방에 신경 쓰자.

가족끼리 암호를 정하는 것도 한 방법이지만 고령자가 암호를 까먹기도 한다.

국민생활센터의 조사에 의하면 2015년도 70세 이상의 소비자 피해 가운데 가장 많은 것이 전화 권유 판매다. 전화에 자동응답 기능을 설정해, 필요한 경우 이쪽에서 다시 전화를 거는 방법을 사용하면 어느 정도 예방할 수 있다.

노화의 정체 12

- 자주 구입하지 않는 상품을 살 때 오히려 낭비한다.
- 선택지가 적으면 사게 된다.
- 가격보다는 시간과 품이 들지 않는 것에 안심해 구입한다.
- 직접 알아보기보다 신뢰하는 사람에게서 들은 정보를 그대로 믿는다.
- 긍정적 편향이 있다.
- 물건을 구입할 때 지금까지의 경험과 감정으로 판단한다.
- 노인보다 노인에 대해 더 잘 아는 사기꾼의 먹이가 된다.
- 건강 관련 상품과 집 공사에서 자주 사기를 당한다.
- 성인 사이트를 보다가 고액 청구를 당하기 쉽다.
- 이동 판매에 속아 교환이나 환불도 못 하게 된다.
- 고액 상품을 사는 것은 치매 때문이 아니다. 판단, 기억, 이동과 관련이 있다.

- 치매가 아니면 이상한 물건을 사지 않을 거라고 안심한다.

- 뭔가 신경 쓰이는 것이 있거나 고액의 물건을 구입할 때는 반드시 연락하라고 말해 둔다.

- 전화의 자동응답 기능을 설정한다.
- 자신도 사기를 당할 수 있다고 생각한다.
- 고액의 물건은 구입하기 전에 가족과 상의한다.

- 소비자센터에 상담한다.
- 가족과 상의한다.

노인이 자주 하는
난처한 행동 13

나쁜 병에 걸린 걸까
의심될 만큼
식사를 하지 않는다.

M의 시어머니는 건강을 의식해서인지 고기보다는 채소를 즐겨 먹는다. 또, M이 만든 음식은 거의 먹지 않는다. 음식이 입에 맞지 않아서가 아니라고 하면서도 음식을 거의 입에 대지 않은 채 젓가락을 내려놓는다.

"간 맞추는 것 좀 알려 주세요" 하고 부탁하면 꼼꼼하게 알려 준다. 시어머니가 M을 미워하는 것 같진 않다. 그러나 일러 준 대로 바로 조리를 해도 조금밖에 먹지 않는다.

식사량은 포만감의 80%가 적당하다는 건 알고 있지만 시어머니의 식사량은 30%에도 못 미치는 느낌이다. 처음에는 건강을 위한 소식인가 했는데 그렇지도 않은 듯하다.

며칠 후 시어머니는 빈혈 진단을 받았다. 전체적으로 영양부족 상태이니 식사에 신경 써야 한다는 주의도 들었다.

채소 중심의 소식은
오히려 건강을 해친다

고령자 중에는 채소 위주의 식사를 하는 사람이 많다. 기름진 음식을 즐겨 먹는 젊은 사람에 비해 훨씬 건강한 식단처럼 보인다.

또, 고령자는 식사를 적게 하는 경향이 있다. 과식하는 젊은이에 비하면 역시나 고령자의 식사법이 더 건강해 보인다.

개중에는 건강에 대한 의식이 매우 높아 채소식만 하는 사람도 있지만 대부분은 다른 이유들 때문에 채소 위주로 먹게 된다.

첫째, 고기나 섬유질이 많은 음식을 좋아하지 않게 된다. 채소를 적극적으로 선택한다기보다는 고기나 섬유질을 피하는 것이다. 고령자는 턱과 치아가 약해져서 고기나 섬유질이 많은 음식은 씹기 어렵다.[1] 또, 입을 벌렸을 때의 크기가 작아지고, 입을 벌렸다 닫는 속도도 느려져서 먹는 데 시간이 걸리다 보니 먹다가 지친다.[2]

둘째, 음식을 먹으면 바로 만복감을 느낀다.

고령자는 만복중추의 기능이 떨어져 있다.[3] 십이지장에서 분비되는 식욕억제 호르몬인 콜레시스토키닌의 혈중농도가 공복 시에도 높아서 배가 부른지 어떤지 알 수 없다.[4] 그래서 티브이에 나오는 개그맨처럼 방금 식사를 마치고도 "점심은 아직이야?" 하고 묻는다.

셋째, 잘게 나눠서 먹는 습관이 생겨서 식사량이 감소한다.

잘게 나눠서 먹어도 총량에는 변함이 없으니까 문제없다고 생각하겠지만, 결과적으로 섭취량이 감소한다는 사실이 연구로 확인되었다. [5]

음식이 잘게 나뉘어 있으면 인간은 무의식적으로 충분한 양으로 판단한다. 즉 '배가 부르다'는 느낌은 위나 혈액뿐 아니라 눈으로 들어오는 정보로도 결정된다.

시각뿐만 아니라 후각, 미각 기능이 떨어져 음식이 맛없게 느껴져서 먹지 않게 되는 경우도 있다.

고령자에게 '말랐다'는 말은
공포감을 심어 준다

소식을 하면 지나치게 살이 빠진다.

젊을 때는 날씬해야 보기 좋고 예쁘다고 생각하기 때문에 몸이 가늘다, 말랐다는 말을 칭찬으로 받아들인다. 그러나 고령자, 특히 70세가 넘은 고령자에게는 '말랐다'는 말을 해선 안 된다.

"선생님, 내가 좀 말랐죠?" 어느 날, 할머니 환자가 물었다. "글쎄요, 그렇게 갑자기 빠진 것 같지는 않은데요" 하고 대답하자 안심한 표정을 지었다. 듣자 하니 병원 직원이 말랐다고 한 모양이다. 사이가 좋고 자주 보는 직원의 말이어서 '내가 그렇게 말랐나? 나쁜 병에 걸린 게 아닐까?' 걱정이 되어 매일 체중을 확인하며 신경 썼다고 했다.

직원에게 물어보니 듣기 좋으라고 건넨 말이었다. 그러

나 고령자에게 '말랐다'는 말은 '암일지 모른다' '목숨이 위험한 병이 아닐까' 등의 공포심을 심어 주게 된다. 고령자는 진지하게 걱정한다.

40~70세의 경우 '저체중'의 비율이 6%, '비만'은 26%라서 비만이 문제인 경우가 많다. 하지만 나이가 들수록 살이 빠지기 때문에 저체중은 80세 이상에서는 11%, 85세 이상에서는 15%로 증가한다.[6] 즉, 말랐다는 것은 나이가 들어 쇠약해졌다는 의미도 되기 때문에 해선 안 되는 말이다.

게다가 나이가 들면 체중이 원 상태로 잘 회복되지 않는다. 한번 살이 빠지면 그 상태가 죽 유지되기 십상이다.

그 반대도 마찬가지다. 즉, 살이 쪄도 그 상태가 유지되기 쉽다. 명절 연휴 등에 갑자기 음식을 많이 먹었다고 치자. 젊을 때는 자연스럽게 체중이 원래대로 돌아간다. 몸이 알아서 반응해 에너지 사용량을 늘리기 때문이다. 그러나 나이가 들면 몸의 반응이 떨어져서 찐 살이 쉽게 빠지지 않는다.

평소에 사용하지 않는 조미료를
한 가지 준비하자

소식을 막는 해결책이 몇 가지 있다.

만복감은 고형물을 섭취할 때 빨리 차오른다.[7] 원래 고형물은 위에 쌓이기 쉽고, 수프나 스튜 같은 액상 음식은 위에 쌓이지 않아서 먹었다는 느낌이 크지 않다. 이것은 나이와 관계없이 일어나는 현상이다.

그래서 나이가 들면 위에 부담이 가지 않게 액상 음식을 적절히 이용하는 것이 좋다. 모든 메뉴를 수프처럼 만들 수는 없고, 그렇게 하면 턱의 힘이 더욱 약해지기 때문에 좋지도 않다. 여러 음식을 골고루 섭취하는 것이 영양학적으로도 좋기 때문에 국물 종류를 한 가지 더하는 정도면 충분하다.

조미료로 맛에 변화를 주는 방법도 효과적이다. 나이가

들면 어쩔 수 없이 식단이 단조로워진다. 새로운 요리에 도전하거나 새로운 식재료를 살 기회도 적다. 새로운 식재료를 사다 주어도 어떻게 써야 할지 몰라서 그대로 썩혀 버리기 일쑤다.

반면에 조미료는 보존이 가능하고 자리도 크게 차지하지 않는다. 향신료는 후추 대신 마살라(인도 음식에 사용하는 향신료)를 써 보고, 간장 대신 남플라(태국의 발효 생선소스)를 사용해 본다. 민트도 넣어 보면 좋다. 마음만 있으면 조미료에 맞춰 새로운 요리에 도전할 수도 있다.

혼자 먹는 '혼식'이 사회문제가 되고 있는데, 혼자 먹으면 식사량이 적어진다. 누군가와 같이 먹는 것도 식사를 맛있게 하는 방법이다. 여럿이 먹으면 평소보다 식사량이 30% 늘어난다.[8]

부모가 혼자 생활한다면 가끔 식사 자리를 마련하자. 정 안 되면 영상 통화로 대화를 하면서 먹는 것도 한 방법이다. 또, 식탁 한쪽에 가족사진을 놓아 두는 것도 효과적이다.[9]

식사를 맛있게 하려면
칫솔을 새것으로 교체한다

음식을 만들 때는 영양소도 중요하다. 모든 영양소가 중요하지만 맛에 대한 이야기를 꺼낸 김에 아연에 대해 이야기해 보겠다. 아연이 부족하면 미각이 제 기능을 할 수 없다.

아연은 혈액에도 중요한 성분이다. 빈혈 방지라고 하면 가장 먼저 철분을 떠올리는데, 아연도 잊지 말고 섭취하자. 고령자가 빈혈에 걸리면 평소에 비틀거리는 것은 물론이고 출혈이 많은 수술을 받을 수 없게 되어서 치명적일 수 있다.

맛있게 균형 잡힌 식사를 하기 위해서는 구강 케어도 중요하다. 특히 치주질환을 예방해야 한다.

누구나 할 수 있는 예방법은 칫솔을 한 달에 한 번 새것으로 교체하는 것이다. 칫솔은 오래 쓰면 칫솔모가 벌어져

양치질이 제대로 되지 않고, 잡균의 온상이 된다. 칫솔 상태가 나쁘면 치석 제거율은 60% 가까이 떨어진다.

노화의 정체 13

- 고기는 씹기 힘들어서 먹지 않는다.
- 조금만 먹어도 만복감을 느낀다.
- 기초대사가 떨어져 식사량이 줄어든다.
- '말랐다'는 말을 들어도 기뻐하지 않고 중병에 걸린 게 아닐까 무서워한다.
- 일단 체중이 빠지거나 늘면 쉽게 원 상태로 회복되지 않는다.

주위 사람이 하기 쉬운 실수

- '말랐다' '몸이 가늘다'고 칭찬한다.
- 채소 중심의 소식은 건강한 식단이라고 낙관한다.

주위 사람이 취해야 할 바른 행동

- '말랐다'고 말하지 않는다.
- 함께 식사한다.
- 평소 사용하지 않는 조미료를 준비한다.

- 칫솔은 한 달에 한 번 새것으로 바꿔 구강 케어에 신경 쓴다.

- 아연을 섭취한다.

자신이 이렇게 되었다면

- 식단에 국물 요리를 넣는다.

목숨이 위험할 정도로
심하게 사레들리거나
계속 가래를 뱉는다.

Episode 14

N의 아버지는 평소에 자주 사레가 들린다. 옛날부터 담배를 펴서 폐도 나쁘고 가래도 자주 뱉었다. 친구 앞이나 밖에서도 사레들리고 가래를 뱉어서 "그만하고, 참으세요" 하고 제지하기 바빴다.

하지만 그때뿐이었다. 이런 날이 일상이 되자 N은 안절부절못했다.

어느 날 N이 아버지와 식사를 하고 있을 때였다. 아버지가 회를 한 점 입에 넣었는데, 또 사레가 들렸는지 기침을 했다. "제발-" 하고 인상을 쓰자 아버지는 참으려고 애를 쓰다가 순간 맥없이 쓰러졌다. 기겁해서 다가가니 숨도 쉬지 않았다. 어머니도 당황해서 "구급차, 구급차!" 하고 발을 구르며 전화를 걸었다.

N이 "아버지" 하고 몸을 흔들자 간신히 의식이 돌아왔지
만 아버지는 구급차로 병원에 옮겨졌다.

폐에 공기 이외의 것들이
들어가기 쉽다

병동에서 고령의 환자와 이야기를 하는데 환자가 갑자기 얼굴이 벌게지도록 발작적인 기침을 하며 힘들어했다. 잠시 후 괜찮냐고 묻자 사레가 들렸다고 대답했다.

처음에는 많이 놀랐는데 고령자들을 자주 대하다 보면 흔한 광경이라 지금은 담담하게 대응할 수 있다. 나이가 들면 자주 사레가 들린다.

인간이 입을 통해 먹은 것은 식도를 지나 위로 흘러간다. 공기만 기도를 통해 폐로 가게 되어 있다. 이것은 자동적으로 판별된다.

그러나 나이가 들면 이 판별이 제대로 이루어지지 않는다.[1] 그렇게 되면 본래는 공기가 지나가야 할 길인 기도로 음식물이나 침이 들어가 폐로 향한다. 그대로 두면 폐렴에 걸리기 때문에 우리 몸은 기침을 해서 뱉어 내려고 한다.

근력이 있는 젊을 때는 기침 한두 번이면 음식물이 배출되어 제 길로 흘러간다. 사레까지 가지 않는다. 그런데 나이가 들면 밀어내는 힘도 약해진다.[2]

가래가 많아지는 현상도 사레와 관계가 있다. 식도로 가야 할 음식물이 폐로 가면 염증을 일으켜 가래의 원인이 된다. 가래는 더럽기도 해서 밖으로 뱉어 내기를 꺼리는데 가래를 뱉는 것은 중요하다. 제대로 뱉어 내지 못해서 가래가 폐로 계속 들어가면 폐렴을 일으킨다. 가래와 음식물이 폐로 들어가 폐렴이 되는 것을 오연성 폐렴이라고 한다.

오연성 폐렴의 경우 어제까지 건강했던 사람이 갑자기 생사를 헤매게 되기도 한다. 본인도 가족도 크게 놀란다. 그러므로 가래를 뱉어 내려 할 때는 더러우니까 하지 말라고 타박하지 말고 오히려 도와주어야 한다.

본인도, 가족도 가벼이 여겨선 안 된다.

내가 만난 한 고령의 환자는 고혈압 약을 복용하지만 몸이 쇠약하지는 않았다. 백내장 수술을 받으러 입원을 했는데 수술이 잘 끝난 후 안대를 한 채로 저녁식사를 하고 있었다. 그런데 갑자기 사레가 들려서 호흡을 할 수 없게 되었다.

의식을 잃었고 목숨이 위험한 상태였다. 다행히 현장에 있던 의사가 적절히 대응해 목숨을 건질 수 있었다. 처치가 빨랐던 덕분에 장애 걱정도 덜 수 있었다.

몸에 별 이상이 없는 사람한테도 이런 일이 일어난다. 이 경우는 병원 안이어서, 즉시 대처할 수 있는 의사와 설비가 갖춰져 있어서 목숨을 구할 수 있었다. 병원 밖에서 일어났다고 생각하면 등골이 서늘하다.

이물질이 목에 걸렸을 때는
일단 등을 두드린다

고령자의 목에 갑자기 음식이 걸렸을 경우 어떻게 해야 할까? 나이가 들면 가래도 쉽게 뱉어 낼 수 없기 때문에 대처법을 알아 두는 것이 좋다.

두 가지 방법이 있다. 하나는 일단 등을 두드리는 '태핑'이다.[3] 등을 두드려서 막힌 것을 빼낸다.

또 하나는 '하임리히 요법'이다. 이물질이 목에 걸린 사람을 뒤에서 안고 흉골 밑을 세게 밀어 올려 토해 내게 하는 방법이다. 태핑에 비해 하임리히 요법이 효과는 크지만 잘못하면 내장이 손상될 위험이 있다. 자신이 없을 때는 태핑을 하는 것이 좋다.

가장 좋지 않은 행동은 어떻게 해야 할지 몰라 멍하니 서 있는 것이다.

'청소기로 빨아냈다'는 이야기를 들어 본 적이 있을지도 모르겠다. 하지만 빨아내는 데 실패하고 오히려 밀어 넣게 되거나 입안에 상처를 내기도 하므로 이 방법은 쓰지 않도록 한다.

그럼 등은 어떻게 두드려야 할까? 우선 이물질이 목에 걸린 사람을 옆으로 눕히거나 앞으로 살짝 구부리게 한다. 그렇게 하면 이물질을 뱉어 내기 쉽다. 그리고 견갑골과 견갑골 사이를 두드린다. 적당한 세기란 없다. 올바른 방법을 모른다고 멍하니 있지 말고 구급차를 부른 다음 일단 등을 두드려 주자.

호흡근을 단련하고
입안을 촉촉하게 해 두자

고령자 스스로 가래를 쉽게 뱉는 방법도 있다. 꼭 알아 두자. 먼저 코로 숨을 들이마신 다음, 소리를 내지 말고 '핫핫핫' 하고 가쁜 숨을 세고 빠르게 내쉰다. 그럼 가래가 한 번에 올라온다.[4] 그런 다음 3회 정도 기침을 하면 가래가 쉽게 나온다.

음식을 먹었을 때 사레들리지 않도록 조절하는 힘이 어느 정도인지 알아보는 방법이 있다. 30초 동안 침을 삼켜보자. 젊은 사람은 평균 7.4회, 고령이어도 5.9회 가능하다. 침을 2회밖에 삼키지 못한 경우는 사레들리지 않도록 조절하는 힘이 약하다고 할 수 있다.[5]

그래서 트레이닝을 통해 단련해 둘 필요가 있다.[6] 먼저, 혀를 단련하는 방법이다. '혀를 입천장에 밀어 붙여서 힘을 주며 3초간 유지했다가 힘을 빼는 운동'을 10회 실천한다. 아침, 점심, 저녁 각각 10회씩 한다.

또, 심호흡과 호흡근을 단련해 호흡 상태를 좋게 유지하는 것도 효과적이다. 호흡근이란 호흡에 관계하는 폐 주위의 근육으로, 이곳을 단련하면 호흡을 편하게 할 수 있다.

호흡근 단련은 매우 간단하다. 코로 3초에 걸쳐 공기를 들이마시고 6초 동안 입으로 내뱉는다. 촛불을 끄듯이 내뱉는 것이 요령이다. 펑퍼짐하게 내뱉지 말고 목표물을 향해 내뱉는다. 입이 오므라들기 때문에 폐 주위의 근육에 압력이 가해지는 것을 느낄 수 있다.

사레에 들리지 않으려면 입이 마르지 않게 한다. 입이 건조하면 가래가 생기기 쉽다. 수분을 섭취하거나 사탕을 물면 입안 수분 유지에 좋다. 단, 당분이 많이 들어 있는 음료는 마시면 침이 줄어서 오히려 입안 건조증을 키우므로 삼가자.[7]

오징어와 문어회를 즐기는 사람도 많은데 이렇게 질기고 잘 씹히지 않는 음식을 먹는 건 위험하다. 먹고 싶을 때는 목에 걸리지 않게 잘게 잘라서 먹어야 한다.

노화의 정체 14

- 💡 기도에 음식물과 침이 들어가 사레가 잘 들린다.
- 💡 음식물과 공기를 판별하는 기능이 약해진다.

주위 사람이 하기 쉬운 실수

- 사레나 가래를 참으라고 한다.
- 고령자의 목에 이물질이 걸렸을 때 아무것도 하지 않고 방치한다.

주위 사람이 취해야 할 바른 행동

- 고령자의 목에 이물질이 걸렸을 경우 태핑이나 하임리히 요법을 실시한다.
- 가래를 뱉어 내기 쉽도록 도와준다.

자신이 이렇게 되지 않으려면

- 가래를 뱉기 쉽게 하는 '가쁜 숨'을 알아 둔다.
- 사탕을 먹는다.
- 수분을 자주 섭취한다.

- 혀를 단련한다.

- 호흡근을 단련한다.

- 목에 걸리기 쉬운 음식은 잘게 잘라서 먹는다.

자신이 이렇게 되었다면

- 사레들리거나 가래가 생겼으면 참지 않는다. 최대한 사람이 적은 장소에서 해결한다.

- 가래를 뱉어 내기 쉬운 호흡과 기침을 한다.

한밤중에
일어난다.

O의 어머니는 아직 밖이 캄캄한 새벽 4시에 일어난다. 일하러 가는 것도 아니고 특별히 할 일이 있는 것도 아닌데 일찍 일어난다. 그러고는 낮에 졸려한다. 보고 있으면, 아침에 일찍 일어나지 않으면 될 텐데 하는 생각이 든다.

그런 생활이 얼마쯤 이어지자 어머니는 숙면을 취하지 못했고 잠자리에서 자주 일어나거나 아예 잠을 못 자는 날도 생겼다. 잠이 안 온다, 가 어머니의 입버릇이 되었다.

어머니의 컨디션은 계속 나빠졌고 치매가 의심될 행동까지 했다. 병원에서 약을 처방받아 복용하기 시작했지만 증상은 서서히 나빠졌다.

치매는 더욱 진행되었고 이제는 아예 밤잠을 안 잔다. 밤낮이 완전히 뒤바뀐 어머니 때문에 O는 마음 편히 잘 수 없

게 되었다. 밤 시간에 어머니 용변을 처리하는 등 케어를
해야 하기 때문이다.

간병살인 사건의
숨은 배경

나이가 들면 일찍 자고 일찍 일어나는 것은 자연스러운 일
이다.[1] 하지만 단순히 그렇게만 생각해서 방치했다간 밤에
깨거나 밤낮이 바뀌어 본인도 가족도 육체적·정신적으로
힘들어지는 상황이 생길 수 있다.

수면에 문제가 생기면 치매에 걸리기 쉽다.[2] 가족이 치매
에 걸리면 밤중에 일어나 돌봐야 하는 일이 생긴다. 방문요
양사의 경우 낮에 오는 사람은 많아도 밤에 와 주는 사람은
거의 없다. 가족이 밤새 내내 돌봐야 하는 것이다. 한두 시
간마다 한 번은 일어나서 대소변을 보지 않았는지 확인하
고 처리해야 한다.

아기를 키워 본 사람은 이해할 텐데, 낮에도 밤에도 잠을
못 자면 육체적으로만 고통스러운 게 아니다. 정신적으로

도 몹시 힘들다.

아기라면 그래도 끝이 있다. 크는 동안 수면 시간대가 안정되기 때문이다. 언젠가 끝날 일을 손꼽아 기다리는 것은 내 아이의 성장에 수반하는 것이기도 해서 기쁜 일이다.

반면에 고령자의 수면은 개선되는 경우가 거의 없고, 앞으로 얼마나 계속될지도 알 수 없다. 게다가 이 고생이 끝나는 날을 꿈꾸는 것은 곧 부모가 죽기를 기다리는 셈이어서 한순간이라도 그렇게 생각한 자신을 나무라게 된다.

고령자를 돌보는 사람은 사는 게 힘들다고 하소연한다. 잠을 잘 수 없어 특히 심각하다. 오죽하면 간병살인으로 이어져 뉴스를 타기도 하겠는가. 아직 괜찮다고 생각하지 말고 서둘러 수면 리듬을 정돈해 둘 필요가 있다.

소음, 가려움, 통증 등이
수면을 방해한다

수면 리듬을 어떻게 되찾아야 할까. 고령자의 수면을 관찰하면 잠이 안 오는 것은 아니다. 실제로 나이에 관계없이 입면(수면 상태에 들어감)까지의 시간은 비슷하다는 자료가 있다.[3]

문제는, 잠을 자도 쉽게 깨는 것이다. 잠이 얕아서 그런다. 소음이나 추위, 더위, 가려움, 통증, 소변 등이 원인이다.

우선, 작은 소음에도 잠이 깬다. 가족이 물을 마시러 가는 소리에도 고령자는 잠이 깬다. 가족들이 밤중에도 다니게 되는 곳이 화장실, 주방이므로, 고령자가 자는 방은 가능한 한 그 장소들과 거리를 두는 것이 좋다.

추위와 더위도 잠이 깨는 원인이 된다. 예를 들어 겨울에 난방을 켜 둔 채 자면 목도 건조해지고 몸에 좋지 않아서 대개 실내를 따뜻하게 한 후 *끄*고 잔다(일본은 대부분 온풍기와 에어컨이 결합된 냉난방기를 사용하는 경우가 많아 실내가 쉽게 건조해진다). 그런데 난방을 *끄*면 밤중에는 실내온도가 떨어진다. 젊을 때는 그대로 아침까지 잠을 자지만 고령자는 추위에 잠이 깨고 만다. 여름철 냉방을 할 때도 마찬가지다. 그러므로 냉난방기를 적당하게 조절해 사용해야 한다. 잠을 잘 때는 바로 *끄*지 않고 타이머를 사용해 한동안 켜 둔다. 직접 바람이 닿지 않도록 하고, 온도도 실내 적정온도로 맞추면 된다.[4]

또, 몸은 유독 밤에 가렵다. 잠을 잘 때는 몸이 따뜻해지기 때문에 낮보다도 가려움이 심해진다. 집중해서 책을 읽거나 티브이를 보는 것도 아니어서 가려움에 신경이 집중된다. 잠을 자면서도 북북 긁게 된다.

이불과 침대를 청소기로 자주 청소해 진드기를 퇴치하는 것이 중요하다. 그래서 이불용 청소기를 이용하는 고령자도 많다.

나이가 들면 가려움증이 심해지는 이유 중 하나는 피부가 건조해지기 때문이다. 보습이 중요하다. 가습기를 쓰거나 젖은 수건을 걸어 두면 가려움이 줄어든다.

베개나 시트의 소재도 중요하다. 레이온이나 폴리에스

테르는 피부에 자극을 주기 때문에 가렵다. 면이나 거즈처럼 피부에 자극을 주지 않는 소재를 고르자.

통증도 잠을 깨우는 원인이다. 고령자는 허리, 무릎, 관절 등의 통증 때문에 잠이 깬다. 낮이 되면 통증이 심하지 않아서 치료를 건너뛰곤 한다.

소변도 잠을 깨운다. 특히 나이가 들면 소변이 자주 마려워서 '밤에 화장실에 가는 것이 당연하다'고 생각하는 사람이 많다. 그러나 이것은 당연한 게 아니다. 잠자기 전에 술이나 물을 많이 마시는 것이 원인이다. 그렇다고는 해도 물 마시고 싶은 것을 참으면 안 된다. 목이 마르고 수분이 부족하면 뇌경색 등으로 이어질 수 있다.

젊을 때는 잠들기 2시간 전까지는 수분을 섭취해도 괜찮은데, 노인은 4시간 전까지로 제한한다. 그 이후에 수분을 섭취하면 요의를 느끼므로 4시간 전을 기준으로 삼자.

또, 발이 붓거나 혈액순환이 잘 안 되면 발에 고여 있던 수분 때문에 자리에 누웠을 때 화장실에 가고 싶어지기도 한다. 취침 전에는 일단 자리에 누워 천천히 스트레칭을 해 보는 것도 좋은 방법이다. 그럼 발에 고여 있던 수분이 전신을 돌고, 잠들기 전에 화장실에 다녀올 수 있다. 자는 도중에 요의를 느끼지 않는다.

너무 자주 화장실에 간다면 물을 마시지 말고 입안을 적
시기만 해 보자. 야간에 3회 이상 요의를 느껴 깬다면 병원
에서 진찰을 받아 보자.

많이 알려져 있지 않지만 치매 약의 부작용으로도 졸음
이나 잠이 오지 않을 수 있다.

졸리지 않은데 자려고 하면
오히려 잠이 달아난다

'자야 한다'고 억지로 누워 있으면 오히려 잠이 달아난다. 잠이 안 온다고 초조해할 필요는 없다. '취침시간, 기상시간이 매일 똑같아야 한다' '수면시간이 8시간 이하면 건강에 나쁘다'고 생각하는 경향이 있는데 70세 이상의 수면시간은 평균 6시간이다. 8시간을 자야 한다고 일찍 잠자리에 드는 것은 올바른 방법이 아니다.

단, 이것은 낮에 졸리지 않은 경우에 한한다. 낮에 졸리면 수면이 부족하다는 뜻이다. 일찍 잠자리에 들지 못하고 낮에도 졸리면 아침에 일어나는 시간을 늦춘다.

전혀 졸리지 않을 때는 억지로 잠자리에 들지 않아도 된다. 일찍 누워서 자려고 하면 오히려 잠이 달아난다.[5] 졸릴 때 잠자리에 들도록 하자.

도중에 잠이 깨서 다시 졸리지 않을 때는 초조해하지 말고 책을 읽거나 라디오를 듣자. 스마트폰이나 티브이는 좋지 않다.

　낮에 졸리면 낮잠은 낮 3시 이전에 30분 이내로 잔다. 그렇게 하지 않으면 낮잠이 깊어져서 밤낮이 바뀔 수 있다.

빛은 수면에 도움이 되지만
방해가 되기도 한다

수면에 가장 중요한 요소는 빛이다. 인간은 아침과 밤을 빛으로 이해한다. 그래서 잠자기 전이나 한밤중에 잠이 깼을 때 스마트폰을 보면, 스마트폰의 빛은 강하기 때문에 뇌가 '아침인가?' 하고 착각한다. 숙면을 취할 수 없게 된다.

아침과 낮에는 빛을 쐬도록 한다. 아침 햇빛을 쐬는 것으로 체내에서 하루를 보낼 준비가 갖추어진다. 아침 햇빛을 많이 보면 수면 호르몬인 멜라토닌이 축적되었다가 밤에 분비되어 숙면을 취할 수 있다.[6]

현대사회는 생활 곳곳에 빛이 넘쳐 난다. 밤이 되어도 조명을 밝힌다. 한밤중에 티브이와 스마트폰을 볼 수도 있다. 하지만 이것은 뇌가 아침과 밤을 착각하게 하므로 피하는 게 좋다.

침실을 환하게 하지 않으면 무섭다는 사람이 있다. 하지만 조명이 너무 밝으면 수면의 질이 떨어져 잠을 자도 잔 것 같지 않다. 꼬마전구를 사용할 때도 얼굴에 빛이 직접 닿지 않도록 하고, 간접 조명을 효과적으로 이용하도록 한다.

숙면에 도움을 주는 테아닌이라는 성분이 있다. 테아닌은 차에 들어 있는데, 눈 건강에도 효과적이라는 연구가 있다.[7]

차에 들어 있는 카페인 성분이 걱정된다면 보리차를 마시면 된다. 보리차는 카페인이 없고 테아닌이 들어 있어서 안심할 수 있다.

노화의 정체 15

- 💡 잠이 쉽게 들지만 도중에 깨기 쉽다.
- 💡 소음, 추위, 더위, 가려움, 통증, 소변 때문에 쉽게
  잠이 깬다.
- 💡 수면의 질이 나빠서 치매에 걸리기 쉽다.

주위 사람이 하기 쉬운 실수

- 밤중에 용변을 처리하고 돌보는 것이 힘들어서 이런 날이 끝
  나기만 꿈꾼다.

주위 사람이 취해야 할 바른 행동

- 가족이 드나들기 쉬운 장소와 고령자가 자는 방을 가까이 두
  지 않는다.

자신이 이렇게 되지 않으려면

- 취침 시에는 안대를 한다.
- 침실의 불을 끈다. 조명이 필요해도 얼굴에 직접 닿지 않게
  한다.
- 잠자기 전에 음주는 삼간다.

- 보리차를 마신다.

- 아침 햇빛을 쐰다.

- 낮잠 시간은 낮 3시 이전에 30분을 넘지 않도록 한다.

- 에어컨의 온도 및 시간을 설정해 둔다.

- 진드기 제거를 위해 청소기로 이불과 침대를 청소한다.

- 침실에 가습기를 켜거나 젖은 수건을 걸어 습도를 유지한다.

- 수분 섭취는 잠자기 4시간 전까지로 제한한다.

- 잠자기 전에 물이 마시고 싶으면 입안을 적시는 정도로만 한다.

자신이 이렇게 되었다면

- 졸리지 않을 때는 억지로 잠자리에 들지 않는다. 책을 읽거나 라디오를 들으며 긴장을 푼다.

- 잠자기 전이나 잠이 깼을 때 스마트폰이나 티브이는 피한다.

노인이 자주 하는
난처한 행동 16

그렇게 계속 나올까
이상할 정도로
화장실에 자주 간다.

P는 오랜만에 엄마와 옷을 사러 백화점에 갔다.

    P : 이거 어때요?

    뒤돌아보니 당연히 있어야 할 엄마가 보이지 않는다. 잠시 후 나타난 엄마는 화장실에 다녀왔다고 했다. 이번엔 엄마의 옷을 보러 갔다.

    P : 엄마한텐 이게 어울리는 것 같은데…. 어?

    엄마가 또 보이지 않았다. 이번에도 화장실을 다녀왔다고 했다.

쇼핑을 마치고 카페에 들어갔다. 막 주문을 하려는데 "화장실에 얼른 갔다 올게." 엄마는 주문도 하기 전에 또 화장실로 뛰어갔다. P는 목이 마른데도 어쩔 수 없이 엄마가 화장실에서 돌아오기를 기다렸다.

고령자는
1시간 이상 참지 못한다

고령자가 외출을 싫어하는 이유는 화장실을 자주 가야 하기 때문이다. 나이가 들면 소변을 농축하는 호르몬이 줄어든다.[1] 그러면 소변 농도가 흐려지고 양도 증가한다.

화장실을 자주 가는 건 소변을 담아 두는 방광이 탄력을 잃기 때문이기도 하다. 방광의 신축성이 떨어지면 방광에 소변을 담아 둘 수 없게 되어 조금만 소변이 차도 화장실에 가고 싶어진다.

남성의 경우는 전립선 비대로 소변이 지나는 요도가 압박을 받아 배뇨에 시간이 걸리거나 잔뇨감이 생겨 화장실에 자주 간다. 여성은 원래 요도가 짧은 데다가 근육이 약해져서 소변을 참지 못한다. 참을 수 있는 시간은 60분, 애를 써도 90분이 한도다.

가끔 지방에서 열리는 강연회에 초대받을 때가 있다. 강연회에는 할머니들이 특히 많이 온다. 강연회에 온다는 것은 그만큼 강연에 적극적이라는 얘긴데, 그런 분도 60분쯤 지나면 하나둘씩 화장실에 가려고 일어난다. 60분은 그나마 양호한 편이다.

고령자 대상으로 2시간 강연을 해 달라는 요청을 받을 때가 있다. 2시간은 너무 길다. 1시간씩 2회로 나눠 하는 것이 낫다고 말해 준다.

화장실에 갈수록
더 가고 싶어진다

커피나 차 같은 카페인 함유 음료를 마시지 않는 게 예방책이다. 밤중에 소변이 마려워 잠이 깬다면 특히 주의하자.

긴장해도 화장실에 가고 싶어진다. 지금부터는 화장실에 갈 수 없다, 고 생각하면 오히려 화장실에 가고 싶어진다. 언제든 갈 수 있다고 생각해야 결과적으로 화장실에 가는 횟수를 줄일 수 있다.

화장실에 갈 수 있을 때 자주 가 둔다는 생각은 역효과를 일으킨다.[2] 화장실에 자주 가면 습관이 되어 방광에 소변이 조금만 차도 화장실에 가게 된다. 아주 급하지 않으면 참도록 훈련하는 편이 더 좋다.

소변을 참으려면 골반저근이라는 근육을 강화해야 한다. 이 근육이 느슨해지면 웃기만 해도 소변이 나오는 등

사소한 자극에도 소변을 지린다. 골반저근 운동을 하면 도움이 된다.[3]

먼저 천장을 보고 바로 누운 자세에서 무릎을 세운다. 숨을 내쉬면서 고환이나 질·항문에 힘을 주어 조이고 5초간 유지한다. 그리고 힘을 빼면서 5초에 걸쳐 숨을 들이쉰다. 다음은 네 발로 기어가는 자세를 취한 후 숨을 내쉬면서 고환이나 질·항문에 힘을 주어 조인 채 5초간 유지한다. 마찬가지로 힘을 빼며 5초에 걸쳐 숨을 들이쉰다. 몸의 바깥쪽이 아니라 안쪽에 힘이 들어가도록 신경 쓰자.

이 운동을 하면 요실금뿐 아니라 변실금도 줄어든다. 나이가 들면 변실금도 생기기 쉬우므로 미리미리 운동 습관을 들이자.

식이섬유도 잘못 먹으면
변비를 부른다

고령자는 배변 활동에 문제가 생긴다. 나이가 들면 변실금도 생기기 쉽지만 변비도 곧잘 걸린다.

변비가 생기는 이유는 식사량과 운동량이 감소해 장의 움직임이 무뎌지기 때문이다.

이는 젊은 사람도 다르지 않다. 병원에 입원하면 평소보다 식사량이 줄기 때문인지 매일 쾌변이었는데 입원 후 변이 나오지 않는다고들 한다.

쾌변의 비결은 가능한 한 몸을 움직인 다음 식사를 하는 것이다. 변이 잘 나오지 않으면 방귀 냄새도 심하다.

변의 상태를 좋게 하려면 식이섬유와 유분을 섭취해야 한다.

식이섬유라고 하면 늘 똑같은 것을 섭취하는데, 식이섬

유에는 수용성과 불용성이 있다. 둘 다를 섭취하지 않으면 변비가 심해진다.

불용성 식이섬유는 버섯이나 채소에 들어 있다. 장이 자극되고 변의 부피를 유지할 수 있다.

수용성 식이섬유는 해조류나 점성이 있는 음식에 들어 있다. 수용성 식이섬유는 장내 세균의 먹이로써 장내 세균 활동을 활발하게 하기 때문에 장 내용물의 흐름을 좋게 한다. 불용성만 신경 쓰는 사람이 많은데 수용성 식이섬유가 풍부한 해조류를 함께 섭취하는 게 좋다.

이전부터 마음에 걸리는 것이 하나 있는데 뜬금없지만 그 얘기를 해 볼까 한다. 영화 상영 방법에 관한 얘기다. 영화는 상영시간이 2시간 가까이 되는데, 고령자가 화장실에 가지 않고 끝까지 보기는 힘들다. 1시간에 한 번은 화장실에 갈 수 있도록 휴식 시간을 넣는 것이 어떨지.

영화 상영 중간에 쉬는 시간을 넣는 나라도 있다. 그동안 간단한 음식과 음료를 팔 수 있어서 극장 관계자도 좋아한다는 것 같다.

일본은 1시간짜리 티브이 드라마에도 중간중간 광고를 한다. 영화 상영에도 쉬는 시간을 만들면 좋겠다.

- 외출하기 싫어하는 이유는 소변을 참을 수 없기 때문이다.
- 소변을 참을 수 있는 것은 1시간, 길어도 90분이다.
- 소변을 농축하는 힘도, 방광의 힘도 약해진다.
- 남성은 전립선 비대로 소변을 참는 힘이 약해진다.
- 변실금이나 변비가 생기기 쉽다.

주위 사람이 하기 쉬운 실수

- 외출하고 싶어 하지 않는데 나가자고 조른다.
- 영화관처럼 오랜 시간 가만히 앉아 있어야 하는 장소를 선택한다.

주위 사람이 취해야 할 바른 행동

- 외출을 권할 때는 1시간 넘게 있어야 하는 장소는 피한다.

자신이 이렇게 되지 않으려면

- 골반저근을 단련한다.
- 가능한 한 움직이고, 균형 잡힌 식사를 한다.

- 식이섬유와 유분을 섭취한다.
- 식이섬유는 불용성과 수용성 모두를 섭취한다.

자신이 이렇게 되었다면

- 커피나 차 같은 카페인 함유 음료는 마시지 않는다.
- 화장실에 너무 자주 가지 않도록 한다.
- 무리하지 않는 범위 내에서 소변을 참는 훈련을 한다.

나는 고령자의 가족을 비롯해, 고령자와 일하는 사람, 고령자 본인 그리고 나이 듦을 두려워하는 사람을 위해서 이 책을 썼다.

또, 우리 사회에 고령자를 배려하는 분위기가 좀 더 만들어지기를 바라는 마음에서 썼다. '고객 제일주의'라면서 높은 톤의 목소리로 말하는 매장 직원, '시민을 위해서'라면서 게시판이나 서류에 보이지 않을 만큼의 작은 글자를 쓰는 관공서. 그런 광경을 보면 서글퍼진다.

물론 현장 사람들이 악의가 있는 건 아니다. 오히려 열심히, 친절하게 고령자를 상대하기 때문에 자신의 잘못을 인식하지 못한다. 나도 그랬다. 헛돌기만 했다. '노화의 정체'를 몰라서 생기는 일들이다.

나는 오른손잡이인데 수술할 때 양손을 자유롭게 사용하고 싶어서 한동안 왼손만 사용해 봤다. 왼손으로 젓가락질을 하고 물건을 집었다. 그런데 어느 날 역의 개찰구에서 왼손으로 표를 넣으려는데 쉽지 않았다. 왼손잡이도 사용하기 쉬운 개찰구가 있으면 좋겠다는 생각을 했다. 일상적으로 사용하는 가위도 왼손으로는 불편하다. (왼손잡이용이 만들어졌다는 사실을 나중에 알았다.) 식당도 항상 손님이 오른손잡이라는 전제를 하고 수저를 세팅해 둔다. 라면집에서도 왼손으로 젓가락질을 하면 옆 사람과 팔꿈치가 닿는다. 아무튼 왼손을 사용하면서 많은 경험을 했다.

왼손잡이라는 사실만으로도 불편한 게 많았다. 고령자가 되면 느끼는 불편이 더 많아질 것이다.

'노화의 정체'를 알면 서류의 글자를 크게 하는 등 고령자를 좀 더 배려하는 사회가 되지 않을까. 이처럼 사회가 고령자를 배려하면 지금의 젊은 세대가 고령자가 되었을 때는 더욱 살기 좋은 사회가 되어 있을 것이다.

일본은 초고령화 국가다. 위기로 인식하는 사람도 있고, 기회로 받아들이는 사람도 있다.

위기파 중에는 고령자를 나쁘게 말하는 사람도 있다. 노해老害(지도자층이 고령화하고 원활한 세대교체가 이루어지지 않아 조직이 노화하는 현상)라는 말을 집요하게 쓰며 고령자를 차별한다. 나는 그들의 견해가 달갑지 않다. 고령자를 많이 상대하고 그들을 좋아하기 때문일 것이다.

고령화 현상을 기회로 받아들여 새로운 나라를 만들면 고령자를 배려하는 초유의 국가가 될 수 있다. 세계가 우리를 주목할 테고, 그리 되면 다른 나라들도 고령자가 살기 좋은 사회를 만들기 위해 노력하게 될 것 같다. 물론 일본 사회나 세계가 하루아침에 바뀌지는 않겠지만.

호스피스와 한센병 환자를 위한 시설을 만들고 이스라엘과 팔레스타인의 무력충돌을 일시 중시시켰던 테레사 수녀. 노벨평화상 수상 인터뷰에서 "세계평화를 위해 우리는 무엇을 하면 될까요?"라는 질문을 받고 수녀는 이렇게 대답했다. "집에 돌아가 가족을 사랑해 주세요."

가족을 비롯한 주위 사람을 사랑하고, 행복해질 수 있도록 행동하자.

이 책을 읽고 도움이 되었다면 자신, 가족, 주위 사람에게 알려 주고, 일의 현장에서도 활용해 고령자가 살기 편한 사회를 만들어 가자.

참고문헌

노인이 자주 하는 난처한 행동 01

1 内田育恵ら:全国高齢難聴者推計と10年後の年齢別難聴発症率―老化に関する
  長期縦断疫学研究より 日本老年医学会雑誌 2012;49(2) 222-277

2 立木孝ら:日本人聴力の加齢変化の研究 Audiology Japan 2002, 45(3) 241-
  250

3 Hearing Loss due to recreational exposure to loud sounds A review.
  World health Organization.

4 和田哲郎ら:職場騒音と騒音性難聴の実態について 特に従業員数50人 未満
  の小規模事業所における騒音の現状と難聴の実態調査 Audiology Japan
  2008;51(1)83-89

5 Anderson S et al: Reversal of age-related neural timing delays with train-
  ing. Proc Natl Acad Sci USA. 2013; 110(11) 4357-4362(雑音がある状況下で
  の聞こえ方が改善したという結果です)

노인이 자주 하는 난처한 행동 02

1 下田雄文:老年者における聴覚の研究 日本耳鼻咽喉科学会会報 1995, 98(9):

1426-1439

2 Cervellera G et al: Audiologic findings in presbycusis J Auditory Res 1982: 22(3)161-171

3 青木雅彦:騒音・低周波音対策の基礎と事例 紙パ技協誌 2106 70(12):1239-1243

4 Choi YH et al: Antioxidant vitamins and magnesium and th risk of hearing loss in the US general population. Am J Clin Nutr 2014;99(1) 148-155

5 厚生勞動省 日本人の食事攝取の基準 (2015年版)の槪要

6 文部科学省 日本食品標準成分表2015年版(七訂)

7 山下裕司ら:感覚器の老化と抗加齢医学 −聴覺− 日本耳鼻咽喉科学会会報 2016:119(6)840-845

8 Lin FR et al: Hearing loss and cognition in the Baltimore Longitudinal Study of Aging. Neuropsychology 2011:25(6)763-770(男性の場合のデータ)

9 Michikawa T et al: Gender specific associations of vision and hearing impairments with adverse health outcomes in older Japanese;a population-based cohort study. BMC Geriatr 2009;22(9)50

10 Amieva H et al: Self-Reported hearing Loss, Haering Aids, and cognitive Decline in Elderly Adults: A 25-Year Study. J Am Geriatr Soc 2015;63(10)2099-2014

11 一般社團法人日本補聽器工業會 Japan trak 2015 調査報告書2015

12 長井今日子ら:当院補聽器外來における老人性難聽に対する補聽器適合の現況 Auditology Japan 2016;59(2):141-150

노인이 자주 하는 난처한 행동 03

1 石原治:老年心理學の最前線(6)高齢者の記憶 老年精神醫學雜誌 2015:26(6): 689-695

2 Rubin DC et al: Things learned in early adulthood are remembered best.

Memory&gognition 1998;26(1):3-19

3 Shlangman S et al:A content analysis of involuntary autobiogrphic-
   al memories examining the positivity effect in old age. Memory
   2006;14(2):161-175

4 佐藤眞一ら:よくわかる高齢者心理學 ミネルヴァ書房

칼럼

1 小原喜隆:科學的根據に基づく白内障診療ガイドラインの策定に関する研究
   2002

2 立木孝ら:日本人聴力の加齢変化の研究 Audiology Japan 2002;45(3) 241-
   250

3 Schubert CR et al:Olfactory impairment in an asult population:the Bea-
   ver Dam Offspring Study. Chem Senses 2012;37(4):325-334

4 冨田寛:味覺障害の疫學と臨床像 日本醫師會雜誌 2014;142(12):2617-2622

5 内田幸子ら:高齢者の皮膚における溫度感受性の部位差 日本家政學會誌
   2007;58(9)579-587

6 吉村典子ら:疫學 ロコモティブシンドロームのすべて 日本醫師會雜誌
   2015;144(1):S34-38

7 佐藤眞一ら:よくわかる高齢者心理學 ミネルヴァ書房

8 成淸卓二:高齢者の腎機能とその評價(閉塞性腎障害も含めて)日本内科學會雜
   誌 1993;82(11):1776-1779

9 名田晃ら:總合的心機能指標 TEI Index の加齢による變化:とくに兩心室間の
   相違 Journal of cardiology 2007;49(6):337-344

10 福田健:肺の加齢による變化 Dokkyo journal of medical sciences
    2008;35(3):219-226

노인이 자주 하는 난처한 행동 04

1 齊藤靜:高齢期における生きがいと適應に関する研究 現代社會文化研究

2008:(41):63-75

2 Wegner DM et al: Chronic thought suppression. J Pers 1994;62(4):616-640

3 増谷順子ら: 輕度・中等度認知症高齢者に対する園藝活動プログラムの有效性 の檢討 人間・植物關係學會雜誌2013;12(1):1-7

4 Manor O et al: Mortality after spousal loss: are there socio-demographic differences? Soc Sci Med 2003 56(2):405-413

5 日本精神神經學會 日常臨床における自殺豫防の手引き 平成25年3月版

6 NIH consensus conference: Diagnosis and treatment of depression in late life. JAMA 1992;268(8):1018-1024

7 Cole MG et al: Prognosis of depression in elderly community and primary care populations: a systematic review and meta-analysis. Am J Psychiatry 1999;156(8):1182-1189

노인이 자주 하는 난처한 행동 05

1 Hoffman HJ et al: Age-related changes in the prevalence of smell/taste problems among the United States adult population. Results of the 1994 disability supplement to the National Health Interview Survey(NHIS). Ann N Y Acad Sci 1998;855:716-722

2 Cohen LP et al: Salt Taste Recognition in a Heart Failure Cohort. J Card Fail 2017;23(7):538-544

3 福永曉子ら:マウス有郭乳頭における味細胞特異的タンパク質の發現お よび分裂細胞の動態　のライフステージによる變化 日本味と匂學會誌 2003;10(3):635-638

4 愛場庸雅:藥劑と味覺・臭覺障害 日本醫師會雜誌 2014;142(12):2631-2634

5 Schiffman SS:Taste and smell losses in normal aging and disease. JAMA1997; 278(16):1357-1362(諸說あり)

6 近藤健二:嗅覺・味覺 耳鼻咽喉科・頭頸部外科 2012;84(8):552-558

7 織田佐知子ら:照明の種類が食物のおいしさに与える影響 實踐女子大學生活科

學部紀要 2011;48:13-18

8 水易あゆ子ら:料理と盛り付け皿の色彩の組み合わせが視覺に及ぼす影響 白內
   障模擬體驗眼鏡による檢討 日本調理科學會大會研究發表要旨集 2012;24:55

9 厚生勞動省 健康日本21(第二次)分析評價事業 主な健康指標の經年變化 榮養攝
   取狀況調査 亞鉛攝取量の平均値・標準偏差の年次推移

10 冨田寬:味覺障害の疫學と臨床像 日本醫師會雜誌 2014;142(12) 2617-2622

11 文部科學省 日本食品標準成分表 2015年版(七訂)

12 厚生勞動省 日本人の食事攝取基準(2015年版)

13 尾木千惠美ら:女子大生における塩味に対する味覺感覺 東海女子短期大學紀
    要 1994;20:43-55

14 Murphy WM: The effect of complete dentures upon taste perception. Br
    Dent J 1971;130(5):201-205

15 Kapur KK et al: Effect of denture base thermal conductivity on gustatory
    response. J Prosthet Dent 1981;46(6):603-609

16 川上滋央ら::圖解で学ぶ-日常臨床に役立つQ&A "加齢と味覺"の眞實第3回
    口蓋感覺と義齒について Quintessence 2013;32(3):0510-0513

노인이 자주 하는 난처한 행동 06

1 Honjo I et al: Laryngoscopic and voice characteristics of aged persons.
   Arch Otolaryngol 1980;106(3):149-150

2 Trinite B: Epidemiology of Voice Disorders in Latvian School Teachers. J
   Voice 2017;31(4):508e1-508e9

3 Johns-Fielder H et al: The prevalence of voice disorders in 911 emergen-
   cy telecommunicators. J Voice 2015;29(3):389,e1-10

4 田村龍太郎ら:腦血管疾患患者の最大發聲持續時間についての檢討-空氣力學
   的檢查法を指標として-日本理學療法學術大會 2011

5 岩城忍ら:加齢による音聲障害に対する音聲治療の效果 日本氣管食道科學會會
   報 2014;65(1):1-8

6   Fujimaki Y et al: Independent exercise for glottal incompetence to improve vocal problems and prevent aspiration pneumonia in the elderly: A randomized controlled trial. Clin Rehabil 2017;31(8):1049-1056

7   白石君男ら：日本語における會話音聲の音壓レベル測定 Audiology Japan 2010;53(3):199-207（1mと耳元の比較データ）

노인이 자주 하는 난처한 행동 07

1   綿森淑子：コミュニケーション能力の障害と癡呆 總合リハビリテーション 1990;18(2):107-112

2   Baltes PB e tal: Lifespan psychology theory and application to intellectual functioning. Annu Rev Psychol 1999;50:471-507

3   松田實：アルツハイマー型認知症の言語症狀の多樣性 高次腦機能研究 2015;35(3): 312-324

4   Ames DJ: The bimodality of healthy aging How do the differing profiles of healthy controls compare to patients with mild cognitive impairment? Alzheimer's Dementia 2009;5(4):375-376

5   Snowdon DA: Linguistic ability in early life and cognitive function and Alzheimer's disease in late life. Findings from the Nun Study. JAMA 1996 21;275(7):528-532

6   Verghese J et al: Leisure activities and the risk of dementia in the elderly. N Engl J Med 2003;348(25):2508-2516

7   Andel R et al: Complexity of work and risk of Alzheimer's disease :a population-based study of Swedish twins. J Gerontol Psychol Sci Soc Sci 2005;60(5):P251-258

8   Wilson RS et al: Life-span cognitive activity, neuropathologic burden, and cognitive aging. Neurology 2013;81(4):314-321

9   Eggenberger P et al: Multicomponent physical exercise with simultaneous cognitive training to enhance dual-task walking of older adults: a

secondary analysis of a 6-month randomized controlled trial with 1-year follow-up. Clin Interv Aging 2015;28(10):1711-1732

노인이 자주 하는 난처한 행동 08

1 村田啓介ら:歩行者青信号の残り時間表示方式の導入に伴う横断挙動分析 国際交通安全学会誌 2007;31(4):348-355(點滅時は走る又は戻る)

2 東京都健康長壽醫療センター研究所 東京大學高齢社會統合研究機構 ミシガン大學:中高年者の健康と生活 No4 2014

3 田中ひかるら:高齢者の歩行運動における振子モデルのエネルギー変換効率 体力科学 2003;52(5):621-630

4 石橋英明:ロコモティブシンドロームのすべて ロコトレ 日本醫師會雜誌 2015;144(1):S12

5 上原 毅ら:シルバーカーを使用している高齢者の身体機能について 日本理学療法學術大會 2006:2005(0)E0993

6 厚生勞動省「厚生統計要覽(平成28年度)」

7 西本 浩之ら:眼瞼下垂手術における Goldmann 視野計による視野評価とその有用性 眼科手術 2009;22(2):221-224

8 加茂純子ら:英国の運転免許の視野基準をそのまま日本に取り入れることができるか?眼瞼挙上術と視野の関係から推察 あたらしい眼科 2008;25(6)891-894

9 小手川泰枝ら:眼瞼下垂における Margin Reflex Distance と上方視野と瞳孔との関係 あたらしい眼科 2011;28(2):257-260

10 警察廳:平成27年中の交通死亡事故の發生狀況及び道路交通法 違反取締まり狀況について

노인이 자주 하는 난처한 행동 09

1 Bollen CM et al:Halitosis the multidisciplinary approach. Int J Oral Sci 2012;4(2):55-63

2 Quandt SA et al: Dry mouth and dietary quality among older adults in north Carolina. J Am Geriatr Soc 2011;59(3):439-445

3 厚生勞動省 平成17年歯科疾患實態調査結果について

4 Outhouse Tl et al: Tongue scraping for treating halitosis. Cochrane Database Syst Rev 2016 26;(5):CDD005519

5 塚本末廣ら:唾液腺マッサージと嚥下体操が嚥下機能に与える影響 障害者歯科 2006;27(3):502

6 Munch R et al: Deodorization of garlic breath volatiles by food and food components. J Food Sci 2014;79(4):C526-533

7 Lodhia P et al: Effect of green tea on volatile sulfur compounds in mouth air. J Nutr Sci Vitaminol 2008;54(1):89-94

8 Walti A et al: The effect of a chewing －intensive, high-fiber diet on oral halitosis: A clinical controlled study. Swiss Dent J 2016;126(9):782-795

9 Dou W et al: Halitosis and helicobacter pylori infection: A meta-analysis. Medicine 2016 Sep;95(39):e4223

노인이 자주 하는 난처한 행동 10

1 Anderson S et al: Reversal of age-related neural timing delays with training. Proc Natl Acad Sci USA 2013;110(11):4357-4362

2 翁長博ら:轟音・殘響音場における高齢者の最適聴取レベルに関する檢討 日本建築學會環境系論文集 2009;74(642):923-929

3 廣田栄子ら:高齢者の語音識別における雑音下の周波数情報の処理 Audiology Japan 2004;47(5):285-286

4 佐藤正美:老年期の感覚機能・聴覚 老年精神醫學雑誌 1998;9(7):771-774

5 長尾哲男ら:老人性難聴者の聞こえ方の理解と対応方法の調査 長崎大学医学部保健学科紀要 2003;16(2):121-126

6 小渕千絵ら:単語識別における韻律利用に関する檢討 Audiology Japan 2013;56(3):212-217

7 岡本康秀:補聴器で脳を鍛える―聴覚トレーニング 耳鼻咽喉科・頭頸部外科 2015;87(4):318-323

8 山岨達也:感覚器領域の機能評価と加齢変化に対するサプリメントの効果 Food style 21 2015;9(11):48-51

노인이 자주 하는 난처한 행동 11

1 獨立行政法人國民生活センター 醫療機關ネットワーク事業からみた家庭内事故-高齢者編-平成25年3月28日

2 獨立行政法人國民生活センター 滑る,つまずく,高齢者の骨折事故 1996年10月24日

3 厚生勞動省 平成28年 國民生活基礎調査の概況 IV介護の状況

4 橋詰謙ら:立位保持能力の加齢変化 日本老年醫學會雑誌 1986;23(1):85-92

5 中村耕三:ロコモティブシンドローム(運動器症候群) 日本老年醫學會雑誌 2012;49(4):393-401

6 張冰潔:日常視時における瞳孔径の年齢変化 神經眼科 2008;25(2):266-270

7 権未智ら:高齢者に対する視認性の優れた階段の配色:転倒事故の予防を目指して デザイン學研究 2009;56(3):99-108

8 骨粗鬆症の予防と治療ガイドライン2015年版 骨粗鬆症の予防と治療ガイドライン作成委員會

9 厚生勞動省 日本人の食事攝取基準(2015年版)の概要

노인이 자주 하는 난처한 행동 12

1 Lockenhoff CE et al: Aging, emotion, and health-related decision strategies: motivational manipulations can reduce age differences. Psychol Aging 2007;22(1):134-146

2 シーナ・アイエンガー 選択の科学 文藝春秋

3 樋野公宏:買物不便が高齢者の食生活に与える影響とその対策:板橋地域における高齢者買物行動調査の結果分析 日本建築學會計畫系論文集

2002;67(556):235-239

4 鎌田晶子ら:高齢者の買い物行動・態度に関する檢討(1):若年層との比較 生活
科學研究 2012;34:15-26

5 總務省統計局 平成26年全國消費實態調査 平成27年9月30日

6 消費者廳 平成28年版消費者白書

7 獨立行政法人國民生活センター「60歳以上の消費者トラブル110番」平成28年
11月2日

노인이 자주 하는 난처한 행동 13

1 中村光男:高齢者の消火吸收能と榮養平價 日本高齢消化器學會議會誌
2001;3:1-4

2 Karlsson S et al: Characteristics of mandibular masticatory movement in
young and elderly dentate subjects. J Dent Res 1990;69(2):473-476

3 Roberts SB et al: Nutrition and aging: changes in the regulation of energy
metabolism with aging. Physiol Rev 2006;86(2):651-667

4 MacIntosh CG et al: Effect of exogenous cholecystokinin (CCK)-8 on
food intake and plasma CCK, leptin, and insulin concentrations in older
and young adults: evidence for increased CCK activity as a cause of the
anorexia of aging. J Clin Endocrinol Metab 2001;86(12):5830-5837

5 Wanskin B et al: Bad popcorn in big buckets: portion size can influence
intake as much as taste. J Nutr Educ Behav 2005;37(5):242-245

6 厚生勞動省 平成27年 國民健康・榮養調査 第2部 身體狀況調查の結果

7 Wilson MM et al: Effect of liquid dietary supplements on energy intake in
the elderly. Am J Clin Nutr 2002;75(5):944-947

8 De Castro JM et al: Spontaneous meal patterns of humans: influence of
the presence of other people. Am J Clin Nutr 1989;50(2):234-237

9 Nakata R et al: The "social" facilitation of eating without the presence of
others: Self-reflection on eating makes food taste better and people eat

more. Physiol Behav 2017 19;179:23-29

노인이 자주 하는 난처한 행동 14

1 兵頭政光ら:嚥下のメカニズムと加齢變化　日本リハビリテーション醫學會誌 2008;45(11):715-719
2 垣内優芳ら:中高齢者の随意的咳嗽力に関連する因子 日本呼吸ケア・リハビリテーション学会誌 2015;25(2):272-275
3 千住秀明ら:慢性閉塞性肺疾患(COPD)理学療法診療ガイドライン 理學療法學 2016;43(1):64-66
4 田村幸嗣ら:2週間のハフィングトレーニングが呼吸機能に及ぼす効果について 日本理学療法學術大會 2011
5 小口和代ら:機能的嚥下障害スクリーニングテスト「反復唾液嚥下テスト」(the Repetitive Saliva Swallowing Test: RSST)の検討 (1)正常値の検討 日本リハビリテーション医学會誌 2000;37(6):375-382
6 若林秀隆:高齢者の攝食嚥下サポート 新興醫學出版社
7 Quandt SA et al: Dry mouth and dietary quality in order adults in north Carolina. J Am Geriatr Soc 2011;59(3):439-445

노인이 자주 하는 난처한 행동 15

1 三島和夫:高齢者の睡眠と睡眠障害 保健醫學科学 2015;64(1):27-32
2 井上雄一:認知症と睡眠障害 認知神經科学 2015;17(1):26-31
3 三島和夫:老化を考える (10)加齢,うつ病,そして睡眠と生體リズムの関係について 生體の科學 2012;63(2):140-148
4 亀ヶ谷佳純ら:夏期の寝室温熱環境が高齢者と若齢者の終夜睡眠に与える影響 空氣調和・衛生工學會近畿支部 學術研究發表會論文集 2013;42:169-172
5 小西圓ら:床上時間や消灯時間が施設入所高齢者の夜間睡眠に与える影響 愛媛県立醫療技術大學紀要 2015;12(1):47-50
6 Emens JS et al: Effect of Light and Melatonin and Other Melatonin

Receptor Agonists on Human Circadian Physiology. Sleep Med Clin
2015;10(4):435-457

7 平松類ら:テアニン投与による高酸素負荷ラット網膜血管新生への影響 日本眼
科学会雑誌 2008;112(8):669-673

노인이 자주 하는 난처한 행동 16

1 日本老年醫學會:老年醫學計統講義テキスト 西村書店
2 岡村菊夫ら:高齢者尿失禁ガイドライン
3 福井圀彦·前田眞治:老人の リハビリテーション 第8版 醫學書院